マンガ 日本の珍しい職業大百科

給料BANK 監修

宝島社

はじめに

皆さんは日本にどれだけの職業が存在しているのかご存知でしょうか。厚生労働省が公開している「厚生労働省編職業分類（平成23年改定）」には約3万種の職業が収録されています。この数字だけでも驚きですが、近年ではスマートフォンやアプリ、ドローンなどの技術や製品の発展とともに、それらを活用した新しい職業が次々に出現。今や世の中には皆さんが聞いたこともないようなオリジナリティあふれる職業も数えきれないほど存在していると考えられます。

「有名大学を卒業して有名な企業や希望の職種に就職」というのも今や昔の話。もちろんそのような進路は今でもありますが、大学進学率の上昇などによって就職競争は激化。それに反発するかのように学歴に縛られない職種も増えてきました。その代表格が「ユーチューバー」ではないでしょうか。動画サイトに自作動画をアップロードし、再生時に流れる広告収入で生活している人たちで、大切なのはいかに動画を再生してもらえるかと

いう企画力や編集力にかかっています。

本書では、このように多数ある職業の中から存在自体は知っていてもなかなか詳しい情報は耳に入ってこないというような珍しい職業を52種厳選。一獲千金を得られるような職業から職人的な技術が身につくような職業まで、仕事内容や収入、なり方などをマンガと文章でわかりやすく紹介しています。まずは現代にどのような職業があるのかを知ることから始めてみましょう。

ぜひ、気になる業界・職業の情報源や家族のコミュニケーションツールとしてだけでなく、それこそ第2の人生や気になっていた業界で働くことを目指すきっかけとして本書を楽しんでいただければ幸いです。

最後に、本書に掲載されている各職業の参考年収の数値などは厚生労働白書や口コミ、取材、求人情報などをもとに算出しています。職業によって、個人差や地域差のある業務がほとんどで、掲載数値はあくまで1つの目安として参考にしていただきたいと考えております。

監修　給料BANK
山田コンペー

目次

CONTENTS

CONTENTS

CHAPTER

01

サービス・アミューズメント系職業

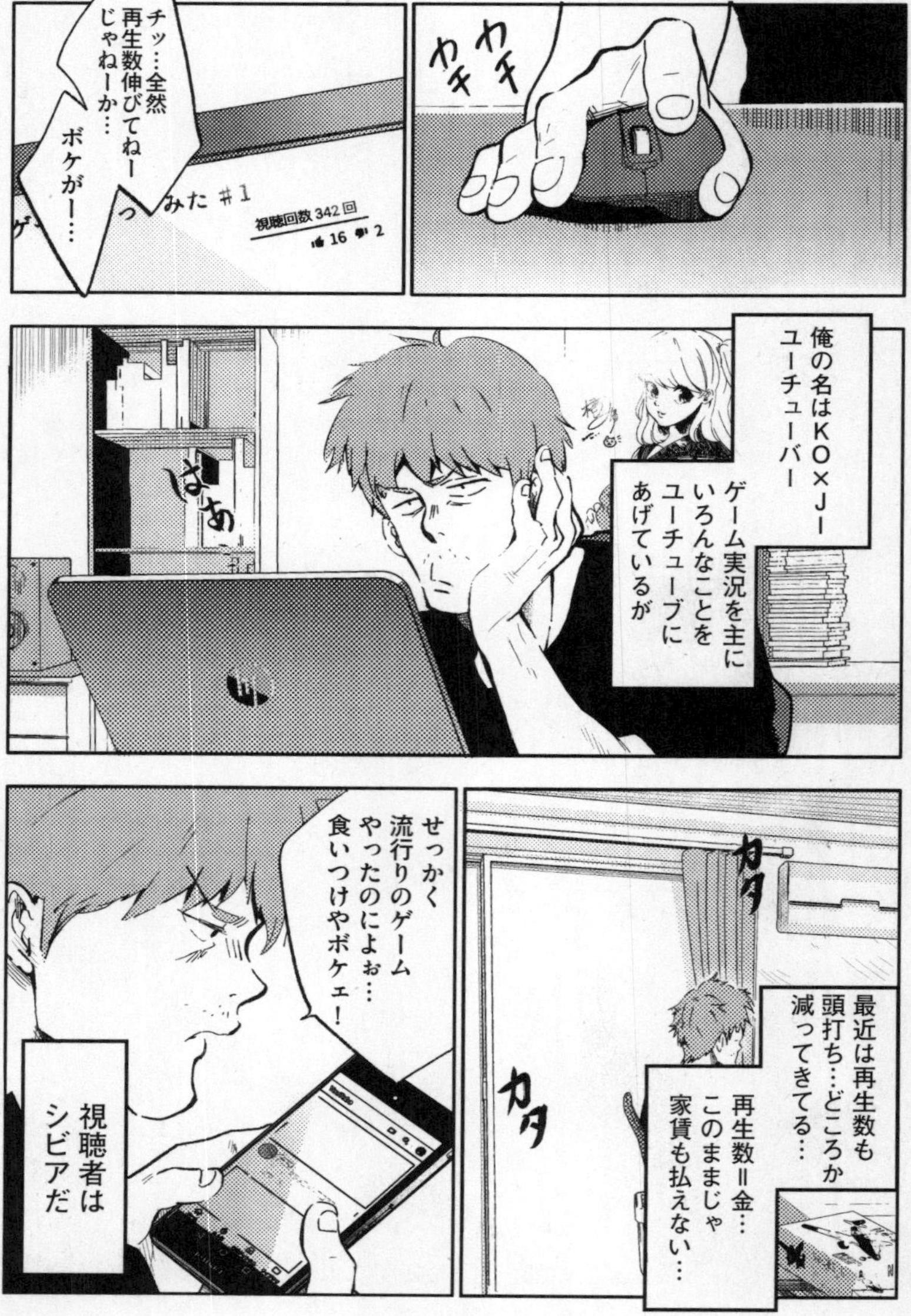

カチ
カチ
チッ…全然再生数伸びてねーじゃねーか…
ボケがー…
っみた＃1
視聴回数 342 回
16
2
俺の名はKO×JIユーチューバー
ゲーム実況を主にいろんなことをユーチューブにあげているが
はぁ
カタ
カタ
最近は再生数も頭打ち…どころか減ってきてる…
再生数＝金…このままじゃ家賃も払えない…
せっかく流行りのゲームやったのによぉ…食いつけやボケェ！
視聴者はシビアだ

「義務感」や「金」の臭いを感じた瞬間逃げていく
トークスキル・ゲームの腕・配信知識企画力・編集技術…
必要とされるスキルは多いが
一番必要なのは「情熱」なのかもしれない…
はぁーあもうバイト探そうかな…
ってええええ!!
はがゆいニュース＋ 7/20 18:55 平均投稿時速：77res/h 対板現在投稿率：93.3%
100年に1度のアイドルwww
みゆたそ、マネージャーとwww
7/20 18:55
橘 みゆ
みゆたそ…ウソだろ…!?
ウソだと言ってくれぇえええ!!
その日の夜——
えー 皆さんこんばんは
プシュッ
今日はゲームもしません…居酒屋配信です
カァ カァ
実は俺…橘みゆたその大ファン…
皆さんもご存知の通り橘みゆさんは文秋砲ですっぱ抜かれ…

つか ありえねぇだろ
マネージャーと
デキてるって何じゃい
自分の商品
つまみ食い
してんじゃねぇ!!
あくしゅかい
はいーっ
ありがとう
ございました
どんだけ俺が
みゆたそに
つぎ込んだと
思ってんだクソが!!
握手会行ったときに
はがしてきた
アイツだよ絶対!!
処女だから金払って
握手しに行ってんだ
こっちは!!
イシュタルって
ビッチな女神
知ってるか?
イシュタルは
男とヤッた後
処女に戻れる泉に
入って来たそうな
紀元前から!!
それだけ
処女性は重要な
要素なんだよ!
見ろこのCDの山!!
うまくもねー歌が
詰まったデータ…
それでも
俺はみゆたその
処女性に金を
払ってたんだよ
アイドルとして!
歌って踊りたい!!
夢を届けたい!!
お金を
稼ぎたいなら
処女性は
守り続けるべき
なんだ!!
ハイッ
ハイ

色恋我慢して処女性を担保しろクソボケぇぇぇぇぇ‼
そうだろ⁉そうだろ…みゆたそ…みゆたそ…‼
大好きだぁあああ‼
うわーーっん‼
チュンチュン…
ん…ぐ…頭痛ぇ……
はぁ…やべ飲みすぎた…
ハァハァ
昨日の記憶が…
バーン‼
って再生数やべぇ‼
視聴回数 284,954 回
77
657
コメント滅茶苦茶荒れてるけど…
いやこれいくら儲かるんだ⁉
ユーチューバーに必要とされるのは…本当に好きなものに打ち込む姿…
「情熱」かもしれない…

JOB FILE

01

インターネットで活躍する新世代のタレント

YouTuber《ユーチューバー》

活動場所 YouTube（動画サイト）

資格 特になし

団体など 特になし

参考年収

TOP LEVEL（有名YouTuber）	平均（専業YouTuber）	BOTTOM LEVEL（新人YouTuber）
1億円	1700万円	0〜1万円

ユーチューブに動画をアップロードし、その動画の再生によって広告収入を得ている人たちをユーチューバーといいます。主な仕事は、動画の企画を考えて撮影・編集することです。フリーランスで働く人が多く、自分の好きなこと、やりたかったことを動画にしている人が多くいます。ユーチューバーが認知されるようになった背景には個人の趣味や関心が多様化していることが考えられます。大衆向けにつくられたテレビ番組とは異なり、ユーチューブにアップされる動画は限定的で個人のニーズを満たすためにつくられていることがほとんどです。

ユーチューバーになること自体は難しくありませんが、その半面、広告収入だけで食べていけるのは、ほんの限られた人たちだけです。1日に10万件以上の動画投稿がある中で、自分の動画を見てもらうためには共通の趣味や関心を持つコミュニティに向けた動画にすることが大切です。

YouTuberへの道

ユーチューバーになるために特別な資格は必要ありません。「ユーチューブ」で自分のチャンネルを作成し、動画をアップロードするだけで誰でもユーチューバーになることができます。ただし、18歳未満の場合は、広告収入を得るために保護者の許可が必要になります。

また、動画を撮影するためにパソコンやカメラのほか、テロップを作成するための編集ソフトや加工用ソフトが必要です。日々、大量にアップされる動画の中でもユーザーが興味を示すような動画を作成しましょう。

YouTubeにチャンネル（アカウント）を作成

↓

動画の撮影・編集

↓

YouTubeに動画をアップロード

YouTuberのキャリアパス

広告収入は動画1再生あたり0.02〜0.2円程度なので、まずは十分な収入が得られるように再生数を増やす工夫をしましょう。SNSやブログなどで動画を宣伝したり、毎日動画をアップしたりして、少しずつ知名度を上げていくことが大切です。知名度が上がっていき動画の再生数が増えてくると企業から製品の紹介動画の依頼がきたりするなど、広告以外の収入も入ってきます。

また、ユーチューバーのマネジメントを行うプロダクション事務所もあり、所属すれば撮影のサポートのほか、トークショーやグッズ化など動画以外での展開も期待できます。

ブゥゥゥーン
カジノ併設豪華客船
キングクラウン号
Am10：00 乗務員室
キュッ
…よし今日は気合い入れてこ！
さす
さす
おはよう諸君！キングクラウン号が世界一周旅行に船出して2カ月…
お客様も海上の旅に飽きてくる頃
だからこそカジノに来られるお客様を我々スタッフが楽しませねばならん！
サキ！今日はマキシマムベットの高いテーブルだ頼むよ！
はい！正確かつ迅速なディール（配札）を心がけます！
パンッ
よぉし！ではお金をかけていただきましょう！

カジノディーラー

お嬢さん ブラックジャック 一勝負いいかな？
畏《かしこ》まりました チップを お配りします！
カジノディーラーとは カードを配ったり ルーレットを回して ゲームを進行させる 仕事をする人
カジノディーラーには 一定以上の ディーリング技術が 求められる
スッ
ディールで 少しでもまごつけば それだけで興が 削がれてしまう…
サッ
だからディールは 正確かつ素早く… かつ華麗に行う

カジノディーラーは勝った人への配当をすべて暗算で計算してチップを配るが
ディーラーが20ですので総取りです
間違えた場合勝手に支払い修正できないので常に気を引き締めている
カクテルウェイトレスを呼びますか？
あぁあ頼むよ
加えて客が気持ちよくゲームを楽しめるように目配り・気配りを忘れない――
サッ
サッ
サッ
ディーラーとはその名の通り「配る者」
カードだけでなく目を配り 気を配り…お客様を楽しませることを遂行する――
ヒット！…いけるか…
ヒットだ！もう一枚！
あぁやるしかないだろ…ヒット！
頼む…ッ！

セブン
カ――ド!!
掛け金10ばぁあい
YAH
ありがとう
お嬢さん
わずかだが
チップだ
納めてくれい!!
客から支払われた
チップ（謝礼）は
いったん集められ
その日働いた
ディーラーに
均等に配られる
ホク
ホク
このチップがないと
時給800円ぐらい
だから収入が安定
しないのよね-…
Am
24：
00
ザァァ…
近く日本では
カジノが
合法化される
可能性がある…
私の夢は日本で
ディーラーとして
働くこと…
それまでは
遠く海の上で
ディールの腕を
磨かなきゃね！

JOB FILE

02 大人の娯楽を演出する

カジノディーラー

活動場所 海外カジノ、客船内カジノ、アミューズメントカジノ、パーティやイベントの会場など

資格 カジノディーラー資格認定試験

団体など 日本カジノディラーズ協会

参考年収

TOP LEVEL（マネージャー）	平均（カジノディーラー）	BOTTOM LEVEL（インターン中）
500万～1000万円	400万～600万円	200万～300万円

本場のカジノではゲームの進行とチップ（現金の代わりに使用される丸い札）の配分が主な仕事。イベントやパーティなどのエンターテインメントカジノでは、それにお客様を楽しませるトークなどの要素が加わります。

カジノにイカサマはつきものというイメージを持っているかもしれませんが、実際は携帯電話や時計さえ身につけられず、多方向からカメラで監視された厳格なルールの中でディーラーがディーリングを行います。しかし美しくスピーディなカードさばき（早いゲーム進行はカジノ側に利益をもたらす）やユーモアに溢れた客とのやりとりなど、ゲーム進行以外の振る舞いこそが実はディーラーの真骨頂。人気ディーラーのテーブルには人が群がり、上客たちからは高額チップが渡される（祝儀。結果的に1カ所に回収され全員に等配分される）など、そのキャラクターとテクニックがモノをいう世界です。

カジノディーラーへの道

カジノに就職するための資格は特にありませんが、基本的なカジノゲームのルールを理解していることと、英語でのコミュニケーション力は最低限必要なスキル。日本には合法カジノが存在しないので、海外のカジノに就職することが基本になります。まずはアジアのリゾート地などのカジノで経験を積んでから、ヨーロッパをはじめとしたグレードの高いカジノに移る方が仕事を得やすいでしょう。カジノへの就職には、犯罪歴がないことを証明する書類を提出するなど意外なほど厳しい審査が待っています。

独学もしくは
ディーラー養成学校で
ルールや接客方法などを学ぶ

↓

海外カジノの
インターンシップ制度などで
実地訓練

↓

海外カジノや
客船内カジノに就職

カジノディーラーのキャリアパス

カジノディーラーとして真面目に経験を積んでいくと、今度は各テーブルやフロアを管理するマネージャー職に昇進していきます。ディーラー→フロアパーソン→ピットマネージャー→シフトマネージャー→ゲーミングマネージャーと階級が決まっており（船中カジノなどの場合は階級が少ない場合も）、誰もがディーラーからそのキャリアを開始しています。

日本でもカジノ解禁に向けての動きが活発になってきましたが、1つのカジノで2000人ほどのディーラーが必要ともいわれ、新たな雇用の広がりが期待されます。

コンバットファイター
第2回世界大会
優勝者が決定しました
WIN
LOSE
今年の優勝者は
マサキ・ナナオ
ワァァァァ
世界大界
ファイガ
おっしゃあああああ
俺はプロゲーマー
こうして勝利を手に入れる存在！
もともとアクションゲームが
飛び抜けて得意だった俺は
ムリムリ
おやめって
みんなの反対を押し切って
この業界に踏み出した
俺にとって
生活の支えは賞金
○×大会
優勝$1000
△△△△大
優勝$
0000
だから強くなるために
ただ毎日 腕を磨くのみ

俺の仕事は簡単に見えるかもしれないが
現実はそう甘くない
特に日本ではまだ認知度も低すぎる
俺も海外に生まれたかった…
そしたらもっとみんなに認められるのに…
のんびりしてたら年をとって腕が鈍る
でもそんなハンデが逆に俺を強くする
絶対に負けねえ!
それが俺のプロゲーマー人生なんだ!

JOB FILE

03

一獲千金を狙って海外へ飛び出せ

プロゲーマー

活動場所 ゲームイベント会場、ゲーム制作会社など

資格 特になし

団体など 特になし

参考年収

TOP LEVEL（海外人気プロゲーマー）	平均（日本のプロゲーマー）	BOTTOM LEVEL（ひよこゲーマー）
5000万～1億円	400万～1000万円	200万～300万円

対戦ゲームなどのプレイにより報酬や賞金を受け取る仕事。日本では賭博法の関係で高額な賞金がかかった大会が開催できないため、一般的にはゲーム会社やゲーム周辺機器のメーカーなどとスポンサー契約を結び、その報酬が主な収入となります。そのためゲーム開発へのアドバイスやイベント出演、プロモーション協力なども仕事の一環です。

それに対しアメリカや中国、韓国、ヨーロッパなどでは、eスポーツ（electronic sports）と呼ばれ競技スポーツとして認知されており、大会の様子がリアルタイムでテレビ放映されるなど高い人気を誇っています。億単位の賞金を稼ぐプロゲーマーの存在も珍しくなく、なりたい職業の上位に常にランキングされるほどです。しかし実際は朝から晩までゲームを練習し続けなければならず、時差のある海外との対戦も多い超ハードな仕事内容。安易な気持ちで目指せる分野ではなさそうです。

プロゲーマーへの道

プロゲーマーに資格は必要ないので、有名な大会などで勝ち進み、常に上位にランクインされるなどして知名度を上げることが一番の近道です。国内で活動するなら、個人やチームでスポンサーを探して収入を得る方法を考えます。しかしプロゲーマーとして名を上げ、その実力をお金に変えたいと思うなら、思い切って海外に飛び出すことも検討しましょう。英語力を身につけ、オンライン対戦型のゲームなどを通じて海外の人と交流したり、大会に出場するための自己資本の用意が必要です。

学校卒業後
（もしくは在学中）
ゲームの腕を上げて
大会などで成績を残す

↓

ゲーム会社や関連企業を
スポンサーにつける

↓

開発やプロモーションを
手伝いながら
国内外の大会に出場

↓

海外に移住してeスポーツの
プロプレイヤーになる

プロゲーマーのキャリアパス

日本でも広がりつつあるeスポーツですが、プロゲーマーで一獲千金を狙えるようになるにはもう少し時間がかかりそうです。

プロゲーマーとしてのピークは、瞬発力や動体視力などの基礎能力が衰え始める前の20代半ばともいわれ、海外への進出を考えるなら、早めの準備が鍵になります。40代のプロゲーマーはほぼ存在しないことから、若いうちに活躍して自己ブランディングもしっかり行うことで、ゲーム会社などに就職したり、プレイヤー以外の道を模索するなど、将来の計画をしっかり立てることも必要です。

速い速い！
驚異のスピード!!
彼の胃袋はどうなってるんだ～!!
あと残り5秒切った！
ドドド
ピーッ
終了ー!!
優勝はぶっちぎりで内田選手！
余裕
初挑戦で日本記録を更新!!
モンスター級の胃袋だ
ワァァァ
しっかしそこまでして賞金欲しいかね？
す…すごい！
——幼少期
いいか真！
結果がすべてだ
勝利をつかまなければ飢え死ぬ
それがフードファイターだ
試合前1週間は毎日水を12Ｌ 90秒で飲む
必ずだ
ゴゴ
押忍!!
フードファイターの収入源は主に賞金であり
国際選手権では賞金1０００万クラスのものもある
その中でも日本人アスリートたちは多く活躍してきた

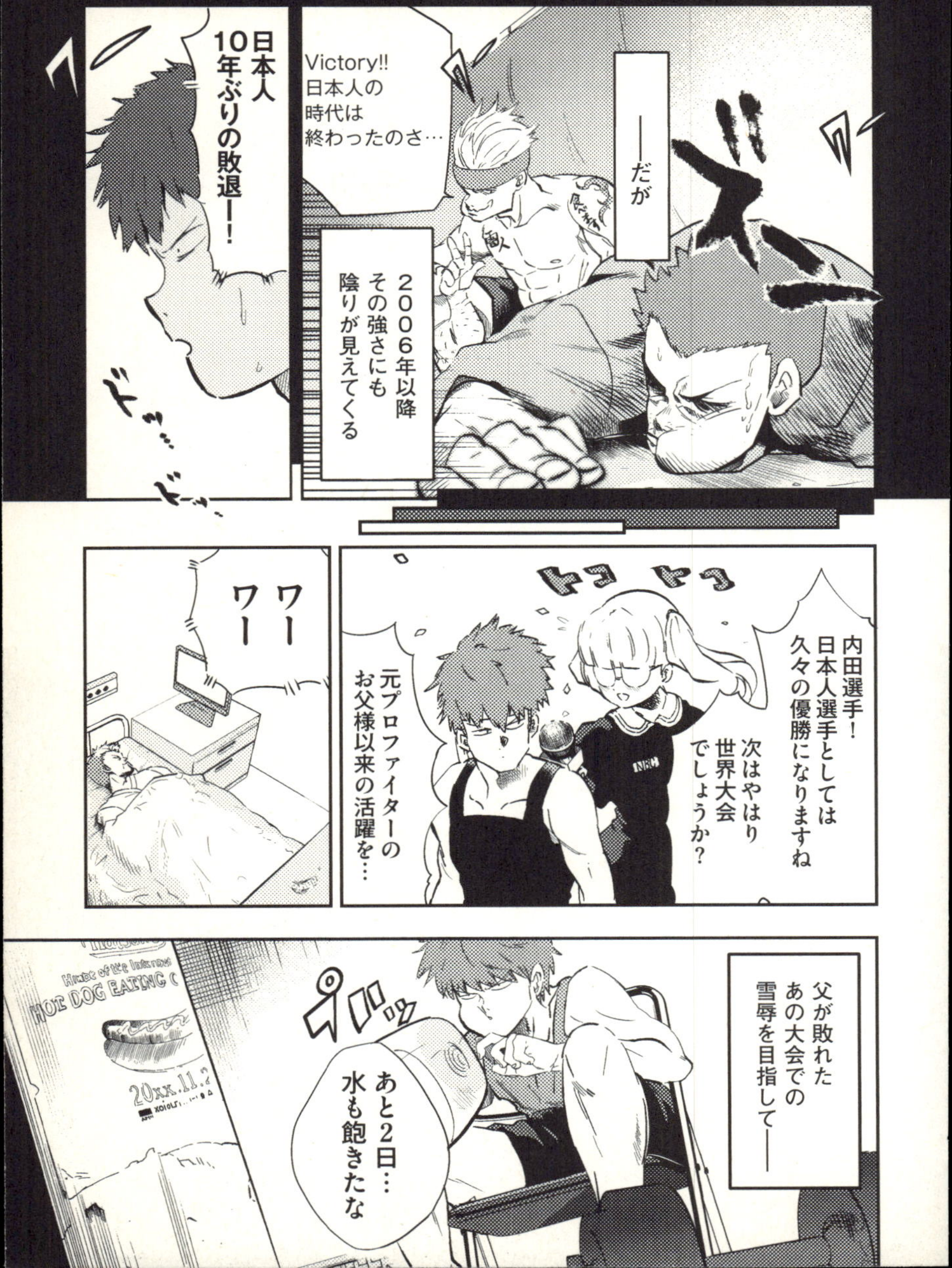
――だが
Victory!!
日本人の時代は終わったのさ…
２００６年以降
その強さにも陰りが見えてくる
日本人10年ぶりの敗退ーー!
トコ トコ
内田選手!
日本人選手としては久々の優勝になりますね
次はやはり世界大会でしょうか?
元プロファイターのお父様以来の活躍を…
ワー
ワー
父が敗れたあの大会での雪辱を目指して――
あと2日…
水も飽きたな
HOT DOG EATING C
20xx.11.2

JOB FILE
04

大食いをスポーツに

フードファイター

活動場所	飲食店のイベント 大食いや早食い大会 テレビ番組
資格	特になし
団体など	特になし

参考年収

TOP LEVEL（アメリカでプロフードファイターに）	平均（国内の大会で優勝し、フードファイターとして有名に）	BOTTOM LEVEL（早食い大会に出場）
1000万円～	100万～600万円	1万円～

食べることが好きで大食いに自信があるなら、誰でも目指せる職業。大食いや早食いを競技として捉え、さまざまな大会に出場して賞金を稼ぎます。大会で優勝するなどして知名度を上げれば、自らフードファイターを名乗ることが可能です。

ただし、フードファイトは「普通の人よりも食べる量が少し多い」くらいでは太刀打ちできないのも事実。特に女性の場合は一般的に男性と比べて体が小さく、食べられる量にもハンデがあるため、地道なトレーニングが必要に。フードファイターがどれくらいの量を食べているか、まずはテレビの大食い選手権などを見て確認しておくとよいでしょう。

また最近では、単に「たくさん食べられる」だけでなく、フードファイターのキャラクターにも注目が集まります。テレビ番組などに出場して知名度を上げるとともに、いかに個性をアピールするか、という自己プロデュース力も求められます。

フードファイターへの道

フードファイトに出てくるメニューはさまざまなので、好き嫌いをなくすのは絶対条件。まずは一般飲食店の「完食したら1万円」のようなチャレンジメニューで、食べるトレーニングを積んでいくとよいでしょう。自信がついたら大食い・早食い大会やテレビ番組への出場に挑戦。テレビの大食い選手権などで有名になれば、大食いタレントとして活躍する道も開けてきます。食べる量だけでなくスピードも求められるため、何でも噛み切れるよう顎《あご》の力を鍛えることも必要です。

飲食店の
チャレンジメニューに挑戦

↓

国内の大食い・
早食い大会で優勝

↓

渡米し、アメリカで
プロフードファイターに

フードファイターのキャリアパス

フードファイトは実力の世界。自らの努力でさまざまな大会に出場し、賞金を稼いでいかなければなりません。テレビ番組に出て注目されれば、大食いタレントとしてCM契約やグルメレポーター、書籍出版などの仕事につながることも。

　また、アメリカではフードファイトはスポーツとされ、大会の模様はスポーツ専門チャンネルでも放送されます。出場選手は「プロフードファイター」として扱われ、賞金のほかに出演料を得ることができ、有名選手になれば年収1000万円以上も目指せます。一方で活躍できる期間は短い傾向にあるのも現実です。

じゃ～ん!
大道芸人 kenji
……●
しぃぃん…
何度やっても
この調子…
もっと技を
磨かなきゃ
ガラン…
ザッ
技もそうだが…
君に足りないのは
観客を引き込み
盛り上げる
トーク力だ
あなたは…
あの有名な大道芸人
kotaさん!
トーク力
…か
1年後…
大道芸人 kenji
グラ
グラ

大道芸人
おおぉ　おお～
はい!!
パチ
パチ
パチ
パチ
ありがとうございます
あぁ…拍手の音って
いいですねぇ～
でもっ!
こういう音が
加わると
もっとよくなると
思うんですけれどね♪
チャリーン
ハハハ
いいキャラ
してる!
しょうがないな
もぉ～
お!
ちらほら
お札も…!
これは嬉しい
正直 1人あたり
10000円は欲しいけど
お客さんが
払ってもいいと
思えるのって
100～500円
くらいなんだよな
ジャラ
これもkotaさんに言われて
トーク力を磨いたおかげだ
ほほう
ぬっ
では これは
授業料として
もらっておこう
そ…そんなぁ～!
っていうか
いつの間にっ!

JOB FILE
05

神出鬼没の路上パフォーマー

大道芸人《だいどうげいにん》

活動場所 路上、商業施設など

資格 自治体などによっては
ライセンスが必要

団体など 特になし

参考年収

TOP LEVEL（有名大道芸人）	平均（路上パフォーマー）	BOTTOM LEVEL（駆け出し大道芸人）
1000万円	300万円	100万円

ジャグリングやバランス技などの芸を披露し、道行く人の「投げ銭（現金）」で生計を立てています。大道芸を披露したときのお客さんの人数などによって金額は上下しますが、投げ銭による収入は推定4万〜18万円程度。コンテストなどで入賞して人気が出てくると、地方自治体が開催する大道芸フェスティバルなどに呼ばれるようになり、出演料をもらうことができます。

大道芸は歩行者天国や商業施設の路上で披露されているのをよく見かけますが、近年では規制も厳しくなり、管理者に場所の使用許可を得なければならないことがほとんどです。東京都の場合、路上などでパフォーマンスを行いたい人のために「ヘブンアーティスト」という資格制度を開始。試験に合格した人たちには公共施設や民間施設などを活動場所として開放し、誰もが気軽に大道芸や楽器演奏などの芸術文化に触れる機会を提供しています。

大道芸人への道

大道芸人になるためには、披露するための芸を身につけなければなりません。有名な大道芸人に弟子入りしたり、スクールに通って技術を身につけたりするほか、本場の技術を学ぶため、海外留学する人もいるようです。

大道芸人として活動するには、自治体が発行するライセンスや許可などを取得する必要がある場合も。路上パフォーマンスで投げ銭をもらう個人活動以外に、大道芸人を派遣する会社に登録する方法もあります。

スクールに通ったり、
有名な大道芸人に弟子入りする

↓

路上でパフォーマンスを行い、
経験を積む

↓

フェスティバルや
日本の大会などに参加し、入賞する

↓

海外の大会に参加し、
入賞する

大道芸人のキャリアパス

大道芸ではパントマイムやマジックにけん玉など、披露する技の種類はさまざまです。まずは自分がお客さんに見てもらいたい芸を見つけ、技術を磨いていきます。

現在、有名といわれるような大道芸人の中には、本場の技術を習得するため、イギリスやドイツなどへ渡航する人もいます。海外や国内のコンテストで入賞するような技術があればイベントなどに呼ばれるようになり、収入も増えてくるでしょう。また、道行く人の足を止めて投げ銭を得るためには、芸の技術を磨くだけでなく、お客さんを盛り上げるトークなど、人を惹きつける技術も大切です。

探偵事務所
求人を見て
やってきました！
学歴不問 初心者歓迎
誰でもOKなんですよね？
おや
探偵職希望かね
はい 求人を見て
それで面接を…
よろしい
即採用だ！
さっそく
ついてきたまえ！
展開はやっ！
いきなり実務ですね…
ドキドキします…
で
今から何を？
ヒソ
あいつの
尾行だ
ヒソ
了解！
ん？

そこの君たち
何してるんだ?
ビクッ
オマエは…まさか尾行してたのか?
ああん?
ファ!?
待てコラ!
即逃亡~
ヒィィ
なっ…なんで逃げるんですか!!
実は…
えっそれって…
やってみよう!探偵入門
だれでもできる
いやー俺も探偵は昨日から始めたんだ!
先週まで魚屋でバイトを…
ダメだこりゃー!!
つきあってらんねェや

JOB FILE

06

人の闇を暴く

探偵《たんてい》

活動場所 街中

資格 1級探偵調査士検定
探偵業務管理者検定

団体など 日本探偵業協会

参考年収

TOP LEVEL（独立）	平均（ベテラン探偵）	BOTTOM LEVEL（探偵助手）
600万円	360万円	200万円

探偵といえば、「殺人事件のトリックやアリバイを見破り、犯人を捕まえる人！」というのは小説やドラマなどフィクションの世界のお話。実際には浮気・不倫やストーカー被害などの身辺調査がほとんどです。そのため、主な仕事は尾行や張り込み、現場の撮影など。警察が介入できないような事件性の低い事案や民間の揉め事を軽いフットワークと独自の情報網を活かして調査します。また、調査のあとには調査報告書を作成。現場の状況や対象者の行動などを詳細に依頼者へ報告します。

実際の業務では、同じ場所で何時間も張り込みをしたり、尾行していた対象者が乗り物に乗ったらあらゆる手段を駆使して追いかけたりしなければなりません。季節や天候、時間も関係ないため、体を壊すこともしばしば。調査中には近隣住民から怪しい目で見られたり、警察に職務質問を受けることもあり、心身にかかる負担はかなりのものです。

探偵への道

インターネットや情報誌に掲載されている求人に申し込んで採用されれば、未経験の人でも探偵になることはできます。

日本探偵業協会が実施している1級探偵調査士検定という資格もありますが、あくまで技術や知識の目安になる程度で、必須ではありません。

探偵になるための専門学校に通う方法もあります。刑法などの知識のほか、尾行や張り込みなど、実務で役立つ技術を学ぶことができ、卒業後は学校を運営している探偵会社で働いたり、独立することも可能です。

探偵学校に通い、
基礎を学ぶ

↓

探偵学校を運営している
系列の会社に入社する

↓

仕事をしながら技術の
習得や人脈を形成する

↓

個人事務所を設立し、
探偵として独立する

探偵のキャリアパス

ほとんどの探偵事務所は、「基本給＋成功報酬」という歩合性の給料体系となっており、多くの実績を上げていけば自然と給与も上がっていきます。独立を目指すなら、経営手腕も問われるでしょう。広告・営業や金額交渉などの力を磨かなければ事務所としてやっていけません。

現在、日本には5000軒以上の探偵事務所がありますが、年間で約600軒の探偵事務所が廃業。実際に稼動している事務所となるとさらに数は減るでしょう。

最近では電子機器など情報関連の依頼も増えてきていることから「サイバー専門」の探偵を目指す道もあります。

通訳の仕事をするにあたって資格は必須ではない
だが外国語が堪能なだけではこの仕事は立ち行かない…
おっ登録してた人材派遣会社から連絡だ!
企業での社内通訳か
初仕事頑張るぞ!
ペラ
ペラ
ペラ
先方はこちらの条件をのむ…と
そうですか!では我々も…

そういった方向で前向きに検討させていただきます
こうしてみると日本語って曖昧な表現が多いな
発言の意図をちゃんと汲まないと誤訳につながるぞ…!
「そういった」??
「前向き」…? イエス?? ノー??
ドキドキ
つまり静粛性の向上によりメカニカルノイズに阻まれていた排気音やロードノイズが…
それに関しては遮音材の使用量を…
専門用語も多く議題やプレゼン内容の予習も必要だ…!
一筋縄では行かないけど… やりがいはたっぷりだな
お〜〜つかれた…
確かな語学力を土台に知識と経験を積み重ねて
初めて一流の通訳者になれるのである

JOB FILE

07

言語を越えて心をつなぐ

通訳《つうやく》

活動場所 国際会議、商談、自治体、取材現場など

資格 通訳案内士、ビジネス通訳検定

団体など 日本観光通訳協会、全日本通訳案内士連盟、日本通訳翻訳学会

参考年収

TOP LEVEL（国際会議などでの同時通訳）	平均（フリーランスの通訳として独立）	BOTTOM LEVEL（国際取引を行う企業に就職）
1000万円〜	300万〜600万円	250万〜400万円

互いに用いる言語が違うと、相手の言っていることを理解したり、考えを伝えたりすることができません。そんなときに双方の間に入って会話を成立させるのが通訳の役割です。

通訳には大きく分けて2つの種類があります。1つ目は話し手の言葉が途切れるまで待ち、ある程度まとめて通訳する逐次通訳で、取材などの場でよく使われます。もう1つは発言者が話すのと同時に通訳していく同時通訳で、国際会議やニュースなどで使われ、より高いレベルが要求されます。

日本語はほかの言語に比べてあいまいな表現が多く、海外の人にうまく理解されない場面もあります。どう表現すれば相手にきちんと伝わるのか、頭を使いながら通訳していくのが腕の見せどころです。特にビジネスの場では、通訳の仕方が交渉の行方を左右することもあります。「重要事項を発言者に代わって伝えている」という自覚が必要な職業です。

通訳への道

通訳になるには、当然語学力が必須です。しかし、「英会話ができても通訳にはなれない」といわれるほど、通訳と会話はまったく異なるものです。

通訳を目指す場合は、外語系の大学などで語学を学んでから、通訳者を養成するための専門学校などに通うケースが多いようです。

また、通訳はネイティブの言い回しを正しく解釈しなければならず、その国の文化を知っておくことも大切になります。そのため、海外留学をして語学力を磨くのもよい方法です。

留学・外国語系の大学を卒業

↓

通訳専門学校を卒業

↓

社内通訳として企業に就職

↓

フリーランスとして独立

通訳のキャリアパス

学校を卒業したあとは、通訳エージェントや派遣会社に登録して仕事を斡旋《あっせん》してもらうケースが一般的です。また国際取引の多い企業に就職し、社内通訳として活躍する道もあります。さまざまな現場で通訳の経験を積んでいけば、フリーランスとして独立することもできるでしょう。

通訳の仕事は、初対面の人と会う機会も多く、コミュニケーション力が重要になります。スポーツ選手や芸能人、企業の幹部など、対象者に気に入られれば専属通訳として指名されることも。また、日本を訪れる外国人観光客をサポートする、通訳案内士という国家資格もあります。

顧客の人生設計に合わせた資金計画を立案するのがファイナンシャルプランナーの仕事！
店員おすすめ本
月間売上上位キープ中！
ベストセラー
誰でもなれる！
やさしいFP入門
カジュアル
かっけぇなー 俺も目指そうかな
お前が？ 無理！ 絶対無理!!
なんでだよ
いいか 読んでやるから よく聞けよ？
FP技能士3級が初級レベル…
とりあえずそこを目指すらしい
おっ

なになに…
顧客の収支・負債
家族構成や
資産など
考慮した
うえで…
まいどー
たこ焼き1っ
ちょうだい
顧客に合った
資産運用を
考え
アレ?…
それをまとめて
ライフプランを
提案するという
…って
服・アクセ
これとこれと
これくれよ!
なにやって
んだよ!
いいのが
あってさー
からっぽ…
あれ お金が
なくなった
わりぃ
金かしてくれ!
お前はぜってー
なれないわ

JOB FILE
08

お金のエキスパート

ファイナンシャルプランナー

活動場所 銀行や証券会社などの金融系企業、不動産業界、教育機関など

資格 国家検定：FP技能士（1級、2級、3級）、日本FP協会認定：CFP資格、AFP資格

団体など 日本FP協会、金融財政事情研究会

参考年収

TOP LEVEL（独立後）	平均	BOTTOM LEVEL（新入社員時）
800万円〜	300万〜400万円	200万円

顧客の人生設計に合わせた資金計画を立案するのが、ファイナンシャルプランナーの仕事です。顧客に収入や負債、家族構成や資産状況などの情報を提供してもらい、それらをもとに貯蓄や投資、住宅資金や教育資金、老後の資金など、資産設計を全面的にサポートします。そのため税金や保険、年金、不動産などの幅広い知識を求められます。最近では新しい金融商品が次々と登場し、資産運用の選択肢も増えていますから、ファイナンシャルプランナーの需要は年々高まっています。資格を持っていると、金融機関や不動産会社、住宅メーカーなどへの就職や転職には非常に有利です。近年は教育関連のメディアや塾などでも需要が増えています。

また、ファイナンシャルプランナーと、「簿記」「宅建士」「相続診断士」などの資格を併せて取得し、独立してライフプランニングを中心としたコンサルティング業務を行う人もいます。

ファイナンシャルプランナーへの道

ファイナンシャルプランナー（FP）として働くのに資格は必須ではありませんが、近年はFPの認知度が高まり資格を持つことで社会的信頼も高まるため、ほとんどの人が資格を取得します。

FPの資格には、厚生労働省所管の国家資格である「FP技能士」と、民間資格の「AFP」「CFP」があります。

FP技能士3級が初級レベルの資格で、2級とAFPが中級レベル、1級とCFPが上級レベルとなっています。まずはFP技能士3級の取得を目指しましょう。

大学・短大・専門学校を卒業

↓

資格取得のための講座を受講

↓

FP技能士などの資格を取得

ファイナンシャルプランナーのキャリアパス

FP技能士の資格は初級レベルの3級からスタートし、2級、1級とステップアップを目指します。2級や1級を受検するには実務経験などの条件があるため、就職してから取得する人も多いようです。

FP技能士2級を取得すると、研修を受講するだけでAFPの資格も取得できます。その後はさらに上級資格であるCFPや1級を目指すとよいでしょう。FP技能士2級以上の資格を持っていれば、就職や転職に有利で、キャリアアップにつながります。

企業内で経験を積んだ後、フリーランスのファイナンシャルプランナーとして独立する人もいます。

CHAPTER

02

スポーツ・教育系職業

10年前――
競艇場
5-1-2! 来いやぁ
給料全部ブチ込んでんだ 家族路頭に迷わす気かよ!!
桐生 させぇええ!!
しゃあ!
1着5番 桐生! 劇的決着!!
万舟券だぞ コウタァアァ!! 129倍!!
寿司だ 鰻だ ビフテキだぁああ
目の前を水飛沫を上げて駆け抜けるボート…
俺は…その美しさに魅入られていた

ボートレーサー
ガキの頃に見た
あの景色を
忘れられずに…
俺は…
ココにいる
ボートレーサー養成所
福岡県新柳市
養成所の
入学試験を
受けるには
さまざまな
身体条件をクリア
しなければ
ならない
上！
172cm
試験の末
合格者は40名ほどに
絞られる
50m走
1位!!
158cm
52kg
視力1.5
入学式
これから1年
厳しい訓練が
始まる…
入学者の半分が
脱落する
「軍隊のような」
厳しい訓練だ…
でも俺は絶対
逃げない…！
パタン。
ねぇねぇ
キミ！

キミすっごい小さいねっ！
い…いきなり女子に屈辱的な台詞言われたぁ!?
「小さい」って褒め言葉じゃない
はァ!?
空気抵抗も減るし重心も下がって振り回されづらいし体重も軽いし…
空気抵抗減 重量減る→加速。
重心下がる
競艇選手には一番大事な才能でしょ？
ドキドキ
そ…そうか
私つばさ！養成所の同級生よろしくね！
俺はコウタ…よろしく…
コウタはなんで競艇選手になろうと思ったの？
ガキの頃競艇選手を見て…憧れて…かな
…つばさはどうして？訓練とかスゲー大変なんだぞ？

お金!!
私はお金をガッポリ稼ぎたくて競艇選手を目指してるの!!
カネ!?
年収は最低ランクでも500万円…最高ランクのA1で3400万円!!
賞金王になったら2億稼ぐ選手もザラにいるし!
賞金王2億
A1 3400万
B2 500万
それに女子選手はお客さんからアイドル扱いされるし!
こんにちはー
さーゆりーーん!!
不純な動機…! こ…こんな奴には負けたくねぇ…!
でもその地位を得るには実力が必要だわ…
だからアナタに話しかけたの 身長以外でも一番才能を感じるコウタに…
最高のライバルになってもらうためにね…!
スッ…
いいぜ… 受けてやるよ つばさ…!
俺に置いていかれねぇように頑張るんだな!!
10年後… この2人が「艇界の雷光」「波舞う翼」の異名を与えられ
よかったぁ じゃあゴハン行こー
はぁ!? ライバルじゃねぇのかよ!?
ライバルは一旦仲間になるもんなんだよー♪
賞金王を競い合うことをまだ誰も知らない…

JOB FILE

09

水上を駆ける競走者

ボートレーサー

活動場所 競艇場

資格 ボートレーサー資格

団体など 日本モーターボート競走会

参考年収

TOP LEVEL（賞金王）	平均	BOTTOM LEVEL（B2級）
2億円	1600万円	500万円

ボートレースは、国土交通省による監督のもと、モーターボート競走法に基づいて運営されているスポーツです。全国に24カ所ある競艇場で、ほぼ毎日レースが開催されています。

ボートレーサーの使命はレースに出場して勝利すること。レースは6艇のボートが1周600mのコースを3周して着順を競い、レーサーには順位に応じた賞金が支払われます。

ボートレーサーは未経験からでもプロになることができる数少ないスポーツです。養成所に入るまでボートに乗ったこともない人がほとんどのため、条件さえ満たせば誰にでもボートレーサーになれる可能性があり、選手の年齢幅が広いことも特徴の1つ。10代のレーサーがデビューする一方で、60代になっても活躍するレーサーもいます。また、全選手の1割が女性レーサーで、男女混合レースも普通に行われています。

ボートレーサーへの道

ボートレーサーになるためには養成学校に入学し、ボートに関する知識や技術を身につける必要があります。入学試験を受けるためには年齢のほか、身長、体重などの身体条件をクリアしなければなりません。3次試験まであり、学力や身体能力だけでなく性格や身体の適性検査もあります。

入学後は1年間の寮生活の中で操船技術や整備、救急法などの訓練が行われ、無事卒業できればボートレーサーとしてデビューすることができます。ただし、入学生約40名のうち10名程度は、厳しい訓練に耐え切れず学校を辞めてしまいます。

ボートレーサー養成所
第1次試験合格
（学科試験、体力試験）

↓

第2次試験合格
（体力試験、適性試験）

↓

第3次試験合格
（面接、身体検査、適性検査）

↓

入学（全寮制1年）

↓

学校卒業を経て
ボートレーサーデビュー

ボートレーサーのキャリアパス

現在、ボートレーサーの人数は約1600名に及び、勝率によって「A1」「A2」「B1」「B2」の4つの階級に分けられています。

すべてのレーサーはB2級から始まり、A1級を目指してレースに臨みます。階級は1月と7月に更新され、A1級になることができるのは、全レーサー数の上位20％ほど。勝率6・20前後がボーダーラインになることが多いです。A1級のレーサーは優勝賞金450万～1000万円のレースに出場することができ、平均年収は約3400万円。賞金王ともなれば、年収は約2億円にものぼります。

わぁ…
すごーーい!!
子どもの頃
わたしは青い世界に
入り浸っていた
わたしも
水族館で
働きたい!
ごはんよーー
とは言ったものの
実際に目指して
みると…
飼育員への
道は想像以上に
厳しかった…
水族館
水族館飼育員は
欠員が出ない限り
募集がかからない
狭き門
倍率は数十倍と高く
公立の有名水族館に
なると100倍近く
になることも
どどっ!!
水産生物に関する
学科を卒業したり
ダイビングの免許を
持っていると採用が
有利になるみたい

そして運よく
10倍の競争率を
勝ち抜いて
就職
できたのです！
水族館
いよっしゃーー！
頑張るぞぉーー！
飼育員は
それぞれ生き物の
飼育を担当して
もらいます
沖田さん
ダイビングの免許
持ってるのね
ドキッ
ショーも
担当してもらい
ましょうか
はーい！
このわたしが
水族館ショーの
お姉さん…
夢みたいだぁ
沖田さんに担当
してもらうのは
この生き物…
キャー
オウサマペンギン！
極圏原産の
キュートな王様!!

?
その子たち一匹300万円するからね
ビクッ
もともと寒い所に住んでるから環境を合わせるために
プールの水温も徹底しクーラーで温度は一定エサもたらふく食う
1年で億単位の金がその子たちに費やされてるんだ
水族館の生物は見世物以前に研究対象でもある貴重なサンプル…
もし不手際で環境が崩れて全滅したら…
はぁわわわぜ…絶対気を抜きません!!
俺も新人の頃こうやって脅されたなぁ…
うおおおぉ
ゴシゴシ
こうして水族館飼育員としての生活は始まったのです
フフフ…
シフト勤務はなかなか大変な面があって…
はっ
PiPiPiPi
卵の孵化が始まった…?早く行かなきゃ
3:25 AM

ペンギンの卵は
親に偽卵《ぎらん》を抱かせて
孵化器で温め
孵化のときは卵を剥いて
補助をしてあげます
パリ
パリ
うわぁぁ…
カワイイ!!
ハァハァ
クマすごいよ
あとネグセも
担当している生物の
病気や出産時などには
早朝深夜を問わず
呼び出されます
しかし離職率の
低さからわかるように
水族館飼育員には
それ以上のやりがいが
あるのです
水族館の目的は
「調査・研究」
「種の保存」など
の研究目的
水生生物・海獣を
愛する人には
最高の環境で
研究に取り組む
ことができて…
運動不足予防に
お散歩だよー♡
ペンギン☆ステージ
みんなー!
ペンギンショー
始まるよー!!
ってちょ…待って
芸やったら
お魚あげるから…
た…たぁすけてぇ!!
どっ
あちゃー
なつかれすぎ
だなぁ…
ウケてるから
いっか…
何より「教育」
「レクリーエーション」…
子どもたちの笑顔のため
日夜生物たちのお世話に
従事しているのです

JOB FILE

10

水棲生物の保護と繁栄に従事する

水族館飼育員《すいぞくかんしいくいん》

活動場所	水族館
資格	特になし
団体など	日本動物園水族館協会

参考年収

TOP LEVEL（ベテラン）	平均	BOTTOM LEVEL（新人）
380万円	320万円	250万円

水族館には「種の保存」「教育・環境教育」「調査・研究」「レクリエーション」という役割があり、この4つの目標を達成するために水族館飼育員は従事しています。主な仕事である餌やりや水槽内の清掃などの飼育管理のほか、生物を安定的に繁殖させるための研究や、イルカなどの担当になったときにはショーの訓練なども大切な業務です。

また教育やレクリエーションの場としての役割もあるので、園内の案内ガイドなどの来館者への対応、イベントの企画・運営なども水族館飼育員の仕事になります。誰にでも理解してもらえる生物の説明方法や、また来たいと思ってもらえるような体験づくりなど、大切なのは来館者に楽しんでもらうためのアイデアを出して実行することでしょう。

そのためには、生物に関する専門的な知識だけでなく、スタッフ同士のチームワークや来館者を楽しませるコミュニケーション能力も必要となります。

水族館飼育員への道

特別な資格は必要ありませんが、専門的な知識が求められるため、水産や生物に関わる学校や学科を出ていると採用が有利になるようです。

日本は世界一の水族館数を誇り、その数は100以上。しかし求人は欠員が出たときなどしか出されません。そのため募集を見つけるのも一苦労。求人の希少性から倍率は数十倍と高くなる傾向があり、公立の有名水族館になると100倍近くなることも。いきなり社員募集をしている水族館を探すのではなく、アルバイトから社員を目指すのも1つの方法です。

大学・専門学校で生物に関する基礎を学ぶ

↓

インターンシップなどに参加する

↓

水族館を運営する会社に就職する

↓

キャリアを重ね、部門のリーダーや館長になる

水族館飼育員のキャリアパス

飼育員になりたての頃は、1日も世話を欠かせないこともあり、担当となった生物の飼育だけで手一杯になってしまうかもしれません。休日もシフト勤務で、担当している生物が病気や出産したりするときには、早朝深夜を問わず緊急で呼び出されることもあります。そういった環境の中でキャリアを積んでいくためには、数多くの生物を担当して知識を身につけることが大切になります。

また、研究によって、まだ繁殖方法が確立されていない水生生物の繁殖に成功すれば、その技術は日本だけでなく世界でも求められるようになり、研究者としての道も開かれます。

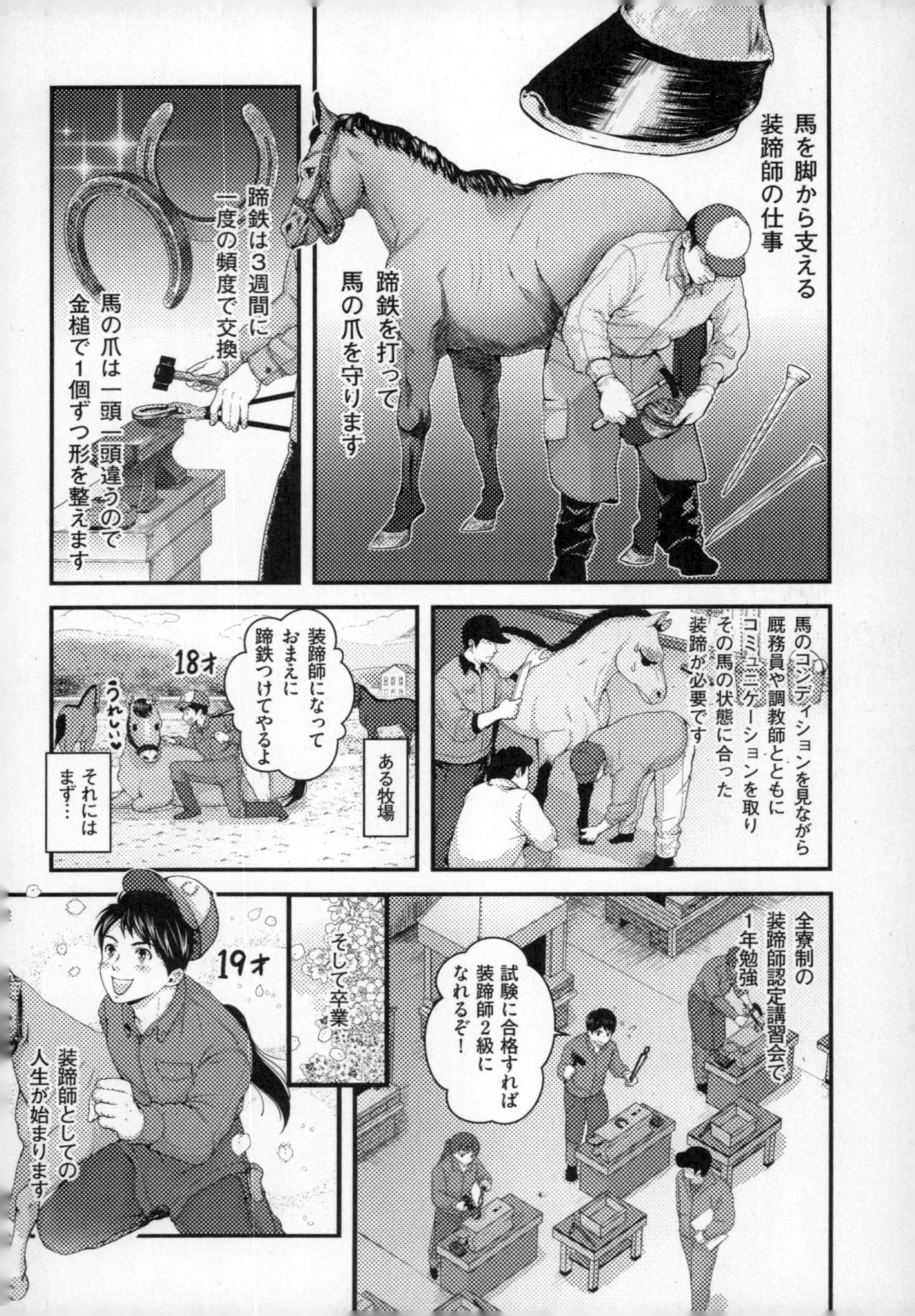

馬を脚から支える
装蹄師の仕事
蹄鉄を打って
馬の爪を守ります
蹄鉄は3週間に
一度の頻度で交換
馬の爪は一頭一頭違うので
金槌で1個ずつ形を整えます
馬のコンディションを見ながら
厩務員や調教師とともに
コミュニケーションを取り
その馬の状態に合った
装蹄が必要です
ある牧場
18才
装蹄師になって
おまえに
蹄鉄つけてやるよ
うれしい♥
それには
まず…
全寮制の
装蹄師認定講習会で
1年勉強
試験に合格すれば
装蹄師2級に
なれるぞ!
そして卒業
19才
装蹄師としての
人生が始まります

乗馬馬の装蹄なら2級の資格で開業できます
馬のいる場所ってけっこうあるから仕事には困らないね
でも…
いずれは競走馬の装蹄をしてみたいな
いいじゃない♥
それじゃうちで勉強するかい?
指導級の装蹄師
よろしくお願いします!
親方のもとで修業ののち
たっしゃでね～
厳しいけど負けるもんか!
1級を経て指導級へと順調に資格を取得すれば最短13年で競走馬の装蹄師として独立できます
13年後
ついに競走馬の装蹄師になったぞ!
おまえの子どもがレースで勝てるように俺も頑張るよ!
講習会の卒業生は毎年16名と少ないですが活躍の場も多いので一度技術を習得すれば腕一本で生涯現役で仕事ができます

JOB FILE
11

馬を脚から支える

装蹄師《そうていし》

活動場所	牧場・競馬場・ トレーニングセンター・ 乗馬クラブなど
資格	認定装蹄師（1級、2級、指導級）
団体など	日本装削蹄協会

参考年収

TOP LEVEL （独立後）	平均	BOTTOM LEVEL （修業中）
800万～1000万円	300万～500万円	200万円

摩耗してしまう馬の蹄《ひづめ》を守るため、金属製の蹄鉄を馬の爪にはめるのが装蹄師の仕事です。競走馬となると1つの蹄にかかる負荷は1・5トンともいわれ、その脚と地面の間にある唯一の構造物である蹄鉄は、馬のパフォーマンスを向上させ、脚の筋肉や関節にかかるストレスをコントロールする重要な役割も果たします。

蹄鉄は3週間に一度の頻度で交換し、馬に負担がかからないよう1頭30分を目安に作業を終わらせます。神経質で暴れてしまう馬などは、鎮静剤を打って装蹄することも。装着していた蹄鉄を外し、爪を削ってから新しい蹄鉄をはめて釘で固定するまでが一連の作業。1日6～10頭程度の装蹄を行います。

爪の形は馬によって微妙に違うので、金槌で一頭ずつ形を整えます。蹄の具合によって馬の脚が腫れたり、逆に調子がよくなることもあるので、厩務員や状態に合った装蹄が求められます。

装蹄師への道

装蹄師になるには日本装削蹄協会が主催する装蹄師認定講習会で、全寮制で1年間授業を受ける必要があります。1年をかけて基礎知識を学び、装蹄や蹄鉄づくりの実習を経て、認定試験を受験し認定されれば2級装蹄師の資格が得られます。2級資格取得後4年を経過すると1級の試験が受けられ、1級取得後に9年を経過すれば指導級の資格試験が受験できます。指導級の試験をパスすれば弟子を取ることができますが、1級と指導級は実地経験がないと試験に合格することは難しいといわれます。

装蹄師認定講習会を受講
（全寮制１年間）

↓

認定装蹄師2級取得
（講習会卒業時に
受験資格が与えられる）

↓

認定装蹄師1級取得
（2級取得後４年経過で
受験資格が与えられる）

↓

認定装蹄師指導級
（1級取得後9年経過で
受験資格が与えられる）

装蹄師のキャリアパス

講習会卒業後に2級を取得し、親方のもとで修業を重ねて1級→指導級と順調に資格を取得していけば、最短13年で競走馬の装蹄師として独立することが可能です。乗馬馬の装蹄であれば1級の資格で開業する人もいるなど、扱う馬によって、その修業期間や収入、仕事内容にも差があります。

講習会の卒業生は毎年16名と少ないですが、競馬場や牧場、乗馬場などの活躍の場も多いので、一度技術を習得すれば生涯現役で仕事ができます。ただし競馬馬の装蹄師でいえば、約半数の人が独立前に退職してしまうなど、徒弟制の修業の厳しさがうかがえます。

ワーワー
パパ！僕あの人みたいになりたい！
ん？どの選手だ？
ガンバレー
ファイトー
あの日本人のヒト！
外国のチームに一人だけなのにすごい活躍してる！
ああ 彼か
英語は苦手だからスポーツエージェントの力も大きかったみたいだぞ
ワァァ
ピーッ
すぽーつえーじぇんと？
海外のチームに入るには英語の勉強もしなきゃならないだろ？
でも自分一人でチームを探してお金の交渉までするのはとっても大変だ
そこでスポーツエージェントの登場さ！
選手の代わりに海外でのベストな選択を導いてくれるんだ
そんなお仕事があるんだね！
仕事はそれだけじゃないぞ

海外の豊富な知識はもちろん
引っ越しの手伝いや子どもの学校探しまでしたりする！
外国に移籍なんて大きな決断だからね
人望厚い人物にしかエージェントは務まらないんだ
ワー
うわあ大変そう……！
ワー
ああまさにスーパーマンみたいな人がなれる職業なんだよ
裏で支え続けるすご腕ヒーローも最高にかっこいいとパパは思う！
……！
ワァァァァァァ
僕どっちになろうか迷っちゃうよ～！
？

JOB FILE

12 スポーツエージェント

日本人選手を海外へ輸出！

活動場所 国内外の球場やグラウンド、各チームの本拠地など

資格 国やスポーツ種目によって異なる

団体など 各スポーツの協会や連盟

参考年収 ※契約選手年俸の3〜5％程度

TOP LEVEL（有名選手の代理人）	平均（普通の選手の代理人）	BOTTOM LEVEL（スポーツエージェントの社員）
4000万円〜	2000万円〜	300万〜1000万円

国内のアスリートが海外のチームに移籍する際、チーム探しや契約金・ギャランティの交渉を選手に代わって行う代理人のお仕事です。場合によっては移住先のリサーチ、家探しや引っ越しの手伝い、子どもの学校探しなどをすることもあり、選手がベストな状態でプレーに集中できるよう、選手家族も含めた包括的なサポートが主な仕事です。また引退した選手の身の振り方をマネジメントする場合もあります。

移籍するチームやお国柄もそれぞれなので、アスリートの個性に合ったベストな選択ができるよう、常にアンテナを張って各国の諸事情に精通することも必要です。移籍は選手の人生をも左右しかねない一大イベント。交渉力や語学力はさることながら、「この人に人生を任せてもいい」と思わせる信頼感と、何でも相談できるような温かな人間性がモノをいいます。

スポーツエージェントへの道

学校や個人で
語学力を習得
↓
スポーツエージェントの
会社に入社
↓
契約・交渉などの
技術を学ぶ
↓
エージェントとして
独立

海外チームとの契約は、エージェントがそのスポーツのルールや法律にも明るいことはもちろん、契約金やギャランティも交渉力次第。時には強気な主張も英語や現地語で行い、信頼される人間性も必須という、まるでスーパーマンのようなマルチな才能が求められる仕事です。基本的には代理人登録者を多く抱えるような会社に就職し、知識や実務、交渉力などを身につけることが近道です。サッカーではサッカー協会へ仲介人としての登録が必須で（日本国内では130人前後）、野球では弁護士資格が必要など、種目によっても代理人資格は異なります。

スポーツエージェントのキャリアパス

日本では、代理人業務を行う会社に就職し、実務経験を重ねていくケースが大多数。その間は英語はもちろん、必要言語のスキルアップも必須です。近年はアジア圏のスポーツ選手の輸出入が増えており、今後の伸び代が期待できる国への嗅覚も鍛えたいところ。選手の代理人として仕事を任され、人脈も形成できれば独立も可能です。大型選手のエージェントに抜擢されれば、驚くような収入になることも珍しくありません。

日本での門戸が狭いゆえ、海外でスポーツ経験を積んでから海外で交渉人になるケースも増えています。

こんにちは！
○×訓練所のものです！
ルーミィちゃんを
お届けにまいりました
おかえり！
わぁ…
あんなに騒いで
暴れてた子が
前のルーミィ
ギャン ギャン ギャン
ちょこん。
こんなに落ち着いた
子になったなんて…
かなり賢い子なので
すぐにしつけを
覚えてくれましたよ
手のかかる子だったのに
ホントですか？
そんなにすぐに
覚えるとは…
この子の性格を見て
その性格に合った訓練をする
そうすることで
覚えの早さも変わってきます
なるほどな…
家族の一員って
思ってたのに…
ごめんね ルーミィ
むやみにかわいがるだけで
僕たちはルーミィのこと
何にもわかってなかった
のかもしれないな…

ねぇ パパ 決めた！
わたしね ドッグトレーナーになる！
ええ!?
資格をとるのは簡単ですけど…
犬のしつけはただかわいがるだけじゃだめなんですよ
時には厳しく怒ることも大切なの…できるかな？
できるよ！
わたしには教えてくれる家族がいるもん！
いろいろ教えてね ルーミィ！

JOB FILE 13

人間と犬の共存を目指す

ドッグトレーナー

活動場所 犬の訓練施設、ペットショップ、トリミングサロン、動物プロダクションなど

資格 各民間団体が認定する民間資格のみ（公認訓練士、ドッグトレーナーライセンスなど）

団体など ジャパンケンネルクラブ（JKC）、日本警察犬協会（PD）、日本ドッグトレーナー協会（JDTA）など

参考年収

TOP LEVEL（犬の訓練所開設）	平均（トレーニング施設勤務）	BOTTOM LEVEL（住み込みの修業時）
800万〜1000万円	200万〜600万円	60万円（住居・食事付き）

主に家庭犬のしつけを行う仕事ですが、競技会向けの犬の訓練、警察犬の訓練・調教をする仕事もあります。家庭犬では、「噛む・吠える」といった困った癖を矯正し、トイレや散歩、留守番などのマナーをしつけ、人と一緒に楽しく暮らせるように指導します。一方、競技会向けの犬や警察犬の訓練は共通の種目も多く、臭いの嗅ぎ分け（臭気選別）や足跡追求、飼い主にぴったりとついて歩く脚側行進なども訓練します。

犬のしつけに重要なのが、しかったり褒めたりするタイミングとバランス。一定期間、施設に預けてしつけることもできますが、できれば飼い主と一緒に訓練することが望ましく、トレーナーは犬と飼い主の両方を指導します。人間目線になりがちな飼い主に、犬の気持ちや習性を伝える通訳ともいえます。犬への愛情は必須ですが、単に「犬好き」なだけでは続かない厳しい仕事です。

ドッグトレーナーへの道

ドッグトレーナーになるための必須資格はないので、養成学校や専門学校で1~2年間、犬に関する知識を学んだり、実習で犬のトレーニングを行います。通信講座などもありますが、できれば実地訓練ができる学校の方が就職にも有利です。

近年マンションなどの集合住宅で犬を飼うことも増え、「吠え」「噛みつき」といった癖を矯正する必要性が高まっています。就職先は決して多いとはいえませんが、将来独立して犬のトレーニング施設などを持つチャンスも広がっています。

養成学校や専門学校、
通信講座で基礎を学び
資格を取得する

↓

訓練所・施設などに
就職して修業を積む

↓

ドッグトレーナーとして
独立する

ドッグトレーナーのキャリアパス

養成学校などで基礎を学んだあとの、訓練所やトレーニング施設での見習い期間には、ご多分に漏れず厳しい修業が待っています。

「1匹として同じ犬はいない」といわれるほど個性豊かな犬たちの訓練は、経験値がモノをいう世界。さまざまな癖を持つ犬を1匹でも多くトレーニングして腕前を上げれば、フリーランスとして独立することも可能です。最初は出張トレーナーとして顧客のところへ赴いて、口コミなどで顧客を増やせば、頑張り次第では自分のトレーニング施設をオープンさせることも夢ではありません。

ドッグブリーダーになりたいから仕事を見せてほしい？
珍しいね
どうぞ
ごはんだよー
数にもよるけどエサ代はかなりかかるよ
散歩 散歩
これも1回じゃ終わらないからすごく歩くんだ
掃除も大事！
…
フンとの格闘からは逃れられないからね

繁殖期は年2回
小型犬は母体への負担が大きいから細心の注意を払わないと
いつ眠れるか?
バカ言うなよ この時期は徹夜だよ
よしよし
ん…
お
おぉ! 頑張れ!
産まれた!
ご覧のように完全に犬中心の生活になるよ
旅行にだって行けないし正直大変
犬が好き…だけじゃつとまらない
でも
僕はこの仕事が好きなんだ
さぁ 君はどうする?

JOB FILE
14

ただの"犬好き"にはつとまらない

ドッグブリーダー

活動場所 ブリーディング企業、自宅、ペットショップなど

資格 特になし
（開業には第一種動物取扱業が必要）

団体など 特になし

参考年収

TOP LEVEL（独立）	平均（ベテランブリーダー）	BOTTOM LEVEL（アシスタント）
600万円	400万円	200万円

犬の繁殖を行い、市場やペットショップ、個人客に販売する仕事です。日々の餌やり、散歩、トイレなどのケア、ケージの掃除など、犬たちが健康に成育できる環境を整えます。年2回の繁殖期にはスムーズに繁殖できるように体調や環境を整備し、出産に備えます。近年人気の高い小型犬は、難産が多いうえに、生まれたばかりの赤ちゃん犬は死亡率が非常に高く、親犬が子犬を食べてしまうなど予期せぬことが起こるため、出産時期には緊張した日々が続きます。

また出産時の帝王切開や予防接種、病気の対応など獣医師との連携も必須で、信頼できる獣医師が近くにいることも重要。獣医師がカバーできない犬種の特徴を、アドバイスすることもあります。医療費や保険代、エサ代、トイレシート、シャンプーなどの経費もかさみますが、子犬を引き渡す瞬間にはなんともいえない至福の時間が待っています。

ドッグブリーダーへの道

まずはブリーディングを行っている企業や個人ブリーダーのところに就職するのが一般的。動物の知識をある程度学んでおくと就職も多少有利になるので、専門学校や通信講座などで学ぶ道も視野に入れましょう。ブリーダーになるのに資格は不要ですが、開業して実際に販売するとなると第一種動物取扱業の登録が必要です。毎日の世話に加え、年2回の出産の準備や立ち会い、赤ちゃん犬のケアなど、かなり緊張を強いられるというストレスフルな面も。「犬が好き」だけではなかなか務まらないハードなお仕事です。

学校や通信講座で
動物の基礎知識を学ぶ
または普通の学校を卒業

↓

大手のブリーディング
企業に入社
or
個人ブリーダーの
アシスタントになる

↓

ブリーダーとして独立

ドッグブリーダーのキャリアパス

ドッグブリーダーだけではなかなか収入が安定しないため、「定年退職した人」「専業主婦」や「副業を持つ人」など、比較的年齢層が高い人がなるのも特徴です。ペットショップなどの犬の処分が問題視されており、子犬を探す場合は欧米にならってブリーダーから譲り受ける形式に移行しつつあります。今後は日本でもブリーダーの需要は増える傾向にあるといえるでしょう。専門知識があり、犬の生育環境を整えた質のよいブリーダー、アフターフォローもしっかりした開かれたブリーダーというものが、ますます求められていく時代です。

CHAPTER

03

テレビ・音楽・芸能系職業

輪唱行くわよー
さん はい!
あぁーあぁー
ああ〜…
どっ!
ちょ…ちょっと男子!
何笑ってるのよ!?
だ…だって
坂本の声
変すぎて…
変な声だし
声でけーし
裏声じゃ
ねぇんだから
わははは
うわぁあん
あははは
泣き声も変すぎ!
笑い殺す気かよ
坂本ぉ!!
ダッ!!
あっ 坂本さん
待って!!
ゴラァ!!
男子!!
笑ったやつ全員
しかってやる
から覚悟しな!!
ビクッッッ

ひっく
ずずっ
好きでこんな変な声じゃないのに
あたしもう音楽の授業やだぁ…
坂本さんの声は変じゃなくて個性的っていうの
むしろその声でお金が取れるようになるかもしれないわ
ぐすっ
ひっく
よしよし…
??
坂本さん声優って職業知ってる?
せいゆう…?
アニメやゲームの声をあてる俳優さんのことよ
声だけでいろんな役を演技するから個性的な声は武器になる!
前から坂本さんに勧めてみようと思っててね…
高校生から通える養成所もあるみたい行ってみたら?
声優スクール
声優の…養成所…

10年後――
坂本ネムのー!!
「ネムはお眠な時間」はっじまるよー!!
声優の養成所を卒業して8年
今夜のゲストは―!
なんとか声優のギャラだけで食べられるようになって…
昔からずっと大好きだったシリーズだぁ♪
アニメ台本
アニメやラジオでレギュラーを持たせてもらえるようになった…
アニメやゲームのアフレコ以外にも
ネット番組やウェブラジオのパーソナリティ…
いやぁあぁ
「神すぎだろww」
「マジかわいい」
活躍の場は間違いなく増えていると思う

それにアニメ関連で
CDを出したり
声優が歌う
ライブが開催されたり…
キャラソンとはいえ
私がCDデビュー
なんて…変われば
変わるものだ…
寝る前に
Vチェックしよ…っと
先生から
連絡きてる
坂本さん!
アニメの宣伝番組で
テレビに出てたね!
しばらく
会ってないけど
元気そうで
安心しました
ハズい…
中学校の先生とは
いまだに連絡を
取り合ってる
先生がいなきゃ
声優なんて
目指さなかった…
私の大事なひと…
でも最近の
アニメって
スゴいわね!
今期の坂本さんの
出てるアニメ
見たけど
女の子の裸が
バンバン出てきて!
アレってやるとき
恥ずかしいの!?
でも全部は
見てほしく
ないなぁ…
深夜アニメは
規制がゆるく
肌色率が高めです

JOB FILE

15 キャラクターに命を吹き込む

声優《せいゆう》

活動場所 レコーディングスタジオ、テレビやラジオの放送局など

資格 特になし

団体など 特になし

参考年収

TOP LEVEL（人気声優として有名に）	平均（レギュラーで番組を持つ）	BOTTOM LEVEL（アルバイトをしながらオーディションを受ける）
500万～	200万円	0～数万円

アニメやゲームのキャラクターの声をはじめ、映画やドラマの吹き替え、テレビやラジオのナレーションなど、声優の仕事は多岐にわたります。電車や駅のアナウンス、朗読、司会、ラジオのパーソナリティなど、幅広い範囲で活躍している人もいますし、舞台に出演する人や、逆に俳優から声優に転向するケースもあります。最近ではアイドル的な人気を集める声優もおり、CDデビューやライブ、写真集の出版などを行うことも。その半面、仕事を得るにはオーディションで役をつかみ取らなければならず、実力重視の厳しい世界でもあります。

自分自身が商品となるため、演技力に加えて自己プロデュース力も重要です。歌唱力やトーク力、楽器演奏などプラスアルファのスキルがあれば、声優としても有利になります。演じる役は代役がきかない場合が多いため、体調管理はとても大切。喉などに不調がないよう、常に注意を払う必要があります。

声優への道

まずは声優科のある専門学校や養成所に入るのが一般的。学校では演技力のほか、発音や発声、呼吸法など、さまざまなことを学びます。養成所を卒業して審査に通れば、声優プロダクションに所属することになります。

ただし、プロダクションに所属したからといって必ずしも仕事があるわけではありません。数年間は「預かり」「仮所属」という立場であることも多く、勉強を続けながらいろいろなオーディションを受けることになります。

声優養成所で
レッスンを積む

↓

声優のプロダクションに
所属する

↓

オーディションを
受ける

↓↑

合格し、声優としての
実績を積む

声優のキャリアパス

声優の収入はほとんどが歩合制。オーディションに合格しなければ仕事はなく、当然無収入となります。多くの人はアルバイトとかけもちしているのが現実です。報酬は声優のランクで決まり、アニメの場合は1本1万5000～4万5000円が相場。ゲームなどは報酬の規定がなく、アニメよりも条件がよい傾向にあるようです。

まず目指すべきは、経験を積んで技術を磨き、よい役を継続してもらえるようになることでしょう。人気声優として有名になれば、CMやイベント、歌手活動などで活躍できる可能性もあります。

レコーディングエンジニアは
CDや音楽データの
音源づくりの仕事をします
Music Players
演奏
歌
エンジニア
録音作業を行い
音の仕上げ作業
（ミキシング）までの
技術的な部分を担います
チームワークで行う
レコーディングに対し
音源の音量・音質調整などを
行うミキシング作業は
エンジニア単独で行います
そんなんじゃダメ
ぜんっぜんダメ!!
もっとオレ達らしさを出したいんですっ
コミュカ必要…
Mix命!!
ちょっとお話を
聞いてみましょう
ハイ。
この仕事を選んだ
理由は？
昔はバンドデビュー目指して
自主制作のレコーディングなんかを
やってたんだけど
機械とか音いじりが好きで
こっちへ進んで
しまったんです
うおおおおっ
Rock
主制作
CD!!

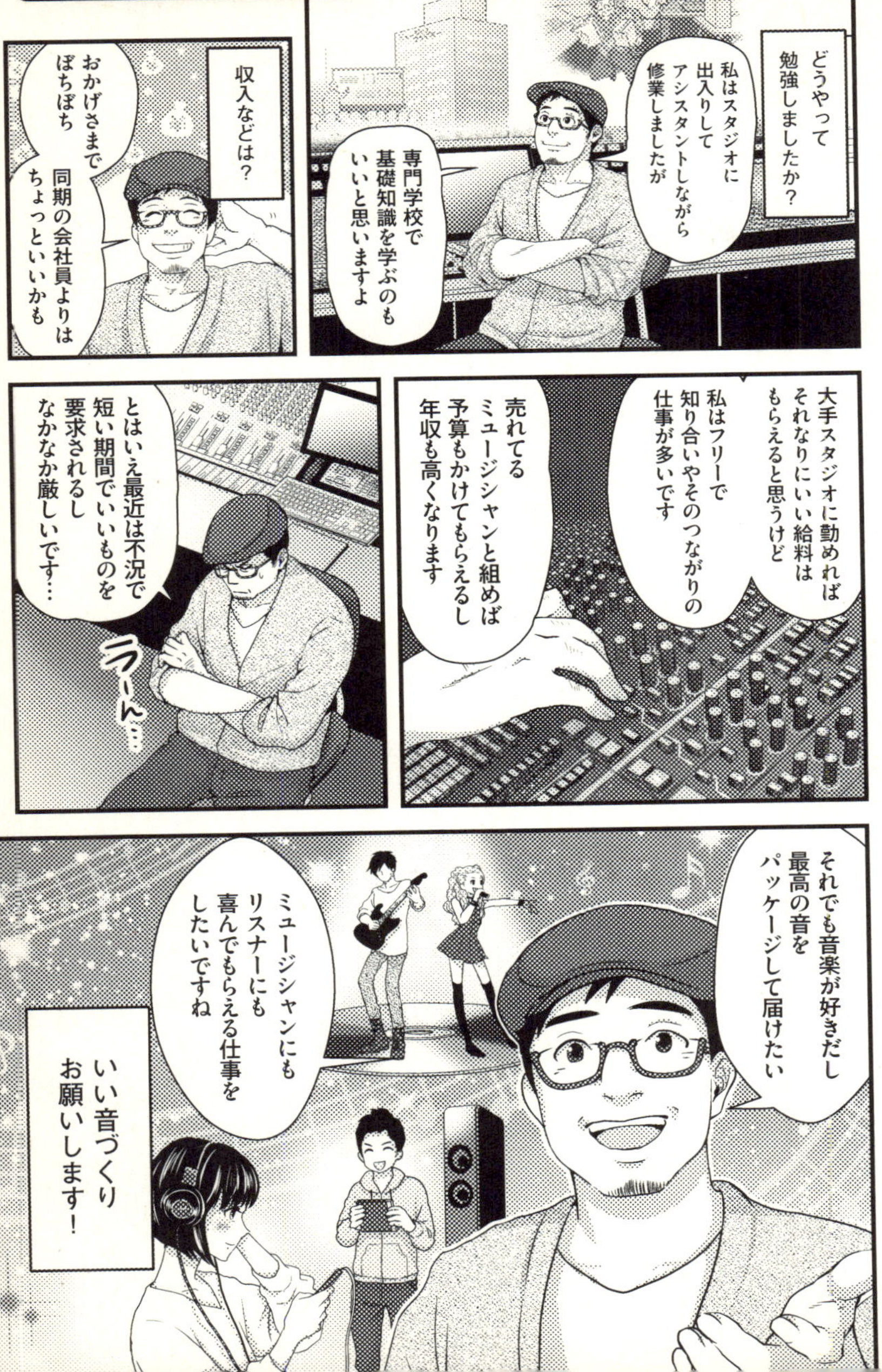
どうやって勉強しましたか？
私はスタジオに出入りしてアシスタントしながら修業しましたが
専門学校で基礎知識を学ぶのもいいと思いますよ
収入などは？
おかげさまでぼちぼち
同期の会社員よりはちょっといいかも
大手スタジオに勤めればそれなりにいい給料はもらえると思うけど
私はフリーで知り合いやそのつながりの仕事が多いです
売れてるミュージシャンと組めば予算もかけてもらえるし年収も高くなります
とはいえ最近は不況で短い期間でいいものを要求されるしなかなか厳しいです…
う〜ん…
それでも音楽が好きだし最高の音をパッケージして届けたい
ミュージシャンにもリスナーにも喜んでもらえる仕事をしたいですね
いい音づくりお願いします！

JOB FILE

16

音楽制作の陰の立役者

レコーディングエンジニア

活動場所 レコーディングスタジオ、音楽制作会社、レコード会社、自宅スタジオなど

資格 特になし

団体など 特になし

参考年収

TOP LEVEL（独立後）	平均	BOTTOM LEVEL（アシスタント）
700万〜1200万円	600万〜800万円	200万〜300万円

アーティストの演奏する音源をスタジオで録音し、音の仕上げ作業（ミキシング）までの技術的な部分を担います。レコーディングではマイクのちょっとした角度や楽器の置き方、使用する機材によって微妙に音質が変化するので、繊細な耳とよりよい音への探究心が必要です。

近年の業界不況で余裕のないスケジュールでレコーディングを行うため、現場は切迫したムードが漂うことも多い中、アーティストや制作側のリクエストに具体的な音で応えることがエンジニアの仕事。時にはミュージシャンとプロデューサーらの意見の食い違いの仲介役をすることもあります。アーティストの好みや考え方を知ることがレコーディングにも役立つため、彼らと個人的な付き合いをするエンジニアも多いそう。チームワークで行うレコーディングに対し、音源の音量・音質調整などを行うミキシング作業はエンジニア単独で行います。

レコーディングエンジニアへの道

コンピュータを利用した音源制作がなかった時代は、レコーディングスタジオや音楽制作会社でアシスタントとして厳しい下積みを経て、一人前のエンジニアになるのが王道でした。しかし現在は、知人アーティストのレコーディングを自前のPCで手伝っているうちに、そのままお抱えになるケースなども増え、下積みなくエンジニアになるなどさまざまなアプローチが増えました。しかし高額なプロ機材の使い方を覚えたり、経験豊かな先輩エンジニアの技を学ぶには、スタジオなどでの修業経験もまだまだ有効です。

専門学校などで
基礎知識を学ぶ

↓

レコーディングスタジオや
音楽制作会社などで
下積み修業

↓

エンジニアとして一人前に

↓

独立してフリーの
レコーディング
エンジニアへ！

レコーディングエンジニアのキャリアパス

スタジオや制作会社でのアシスタント修業を経て、さまざまな機材の扱い方を覚え、レコーディングを一人で任されるようになればほぼ一人前。名指しで仕事を頼まれたり、有名アーティストと専属契約を結べるほどになれば、フリーランスとして独立することも可能です。ただし安定的に仕事のオーダーが入るかどうかは腕と人脈次第なので、雇われエンジニアとして大手スタジオに勤務した方が年収が高くなることもあります。

また、常に進化する機材のスペックをチェックし、使い方を研究し続ける努力も必須です。

この番組面白いなぁ
つい見入ってた
自分も制作側《つくる》になりたい
弁当たりねぇぞ!
確認します!
撤収急げ!
はい!
テレビ局に就職
ADとしてディレクターの補佐や雑務をこなします
制作会社に就職
制作会社やテレビ局に出向してAD業務をこなします

TVスタジオ
制作会社から来ました!
プロデューサーやってます
担当番組 ▲▲ プロデューサー
▲▲のプロデューサー
自分 ▲▲観てこの業界に入りました!
嬉しいなぁ この子も▲▲観て入ったんだって
まだまだ使いっ走りですけど…
自分の番組を持てるよう頑張ります!
お互い頑張りましょう!
コッ
1時間経ったら起こしてぇ〜
よた よた
はい!
テレビの現場は体力勝負です

JOB FILE

17 番組制作の最高責任者

テレビプロデューサー

活動場所 テレビ局、制作会社など

資格 特になし

団体など 特になし

参考年収

TOP LEVEL（エグゼクティブ・プロデューサー）	平均	BOTTOM LEVEL（入社時）
2000万円〜	1000万円前後	300万円〜

テレビ番組の制作における最高責任者です。企画の立案、制作に必要な資金を提供するスポンサーや出演者との交渉、制作スケジュール、予算の管理などを行い、スタッフを取りまとめます。放送作家や演出家との打ち合わせもプロデューサーの仕事です。ディレクターが制作現場で指揮を執り、作業を管理するのに対して、プロデューサーはディレクターからの報告を受けて制作の進捗状況を確認しつつ、時間とお金の管理を行います。番組すべての責任を負う立場のため、トラブルが起きたときに対処するのもプロデューサーの役目。責任は重大ですが、クリエイティブで魅力的な仕事といえます。

とはいえ、特に新番組の立ち上げや特番の制作時などは激務。番組をつくるためには多くのスタッフをまとめていかなくてはならず、統率力や冷静な判断力も求められます。と同時に、豊かな発想力やチャレンジ精神も求められる仕事です。

テレビプロデューサーへの道

テレビプロデューサーになるには、まずはテレビ局に就職し、アシスタントディレクター（AD）、ディレクターを経て、プロデューサーに昇進します。必要な資格などは特にありませんが、テレビ局に採用されるのは有名国立大学・私立大学出身者がほとんどで、かなりの狭き門です。

もう1つの方法としては、制作会社に就職してプロデューサーを目指す道もあります。いずれにしても、そのあとにはテレビマンとしての激務をこなす日々が待っているでしょう。

大学、短大、専門学校などを卒業後、テレビ局または番組制作会社に就職

↓

アシスタントディレクターとして経験を積む

↓

ディレクターとして経験を積む

↓

プロデューサーに昇進

テレビプロデューサーのキャリアパス

テレビ番組の制作には経験が必要で、とりわけ番組全体を統括するプロデューサーに上りつめるには、最低でも10年くらいはアシスタントディレクターやディレクターとして現場で汗を流すことが必要です。テレビ番組の制作は実力主義の世界ですから、ADやディレクターとして働きながら制作の流れを把握し、仕事が認められるようになって初めて昇進できます。

さらに、アシスタント・プロデューサー、チーフ・プロデューサー、エグゼクティブ・プロデューサーと昇格していく場合もあり、それに伴い年収も増えていきます。

ザワ…
橘みゆドームライブ
開始5分前
TOKYO DOME
MIYU TACHIBANA
ザワ
橘 5分前だ
準備できてるか
ガヤ
ダンスも歌も
セトリ順もバッチリ！
念願のドーム公演
ですから！
ガヤ
よーこし
橘みゆ18歳
趣味は手芸…！
ブッ
であ…あのあ
わ…私しょしょしょしょ
処女ですっ!!
橘みゆは最初
歌もダンスも
平均以下だったが
使ってやって下さい！
ぜひ!!
フーン…
その努力はホンモノで…
売り込みにも力が入った
2年経って
少しずつ
メディアに
出だした頃
俺の不注意で
20才になったからって
飲みすぎた…
すぴー
レッスンで疲れてるし
ホテルで寝かそう
わーんっ
ホテルで一夜を
処女性がっ
ファンの人
みゆのこと
クソミソに
叩いてるよー!!
炎上してるぅ!!
まだだ橘！
悪名は無名に勝る！
こうなった以上
利用するしかない!!
清潔感が武器だった
みゆにとって致命傷の
記事だったが
俺は各所に土下座して
露出を増やす努力をした
お願いします!!
ギャラは安くても
いいので橘みゆに
チャンスを…!!

ワハハ
みゆは想定以上に
バラエティに順応し
信頼と人気を
回復していった
ドラマ主演も
決まった
橘みゆちゃん!
なんとデビュー
6年目にして初!
ドームツアーを敢行!
『みゅらー』の諸兄は
サイリウム持参で
参集すべし!!
…あのとき俺が
考えて行動すれば
もっと早くここに…
すまん…
みゆ…
みゆ!
みゆ!
アレがなきゃ
バラエティもないし
知名度もなかった…
スキャンダルにも
敏感になったし!
ここに来れたのは
みゆを励まして…
売り込みを
頑張ってくれた
貴方がいたから!
みゆを見てて…
あなたが育てた
アイドルを…
これからも
ずっと!
みゆ!
みゆ!
みんな～いっくよーーっ!!
芸能マネージャーは
完全な黒子だ
光の陰で休みなく働き
注目も浴びず
頭を下げて練り歩く
それでも…
この光を輝かせるために
明日もまた頑張ろうと
そう思えるのだ…
みゆ!

JOB FILE

18 タレントを育ててプロデュースする
芸能《げいのう》マネージャー

活動場所 芸能事務所、放送局、イベント会場、レコーディングスタジオ、担当タレントの自宅など

資格 特になし

団体など 特になし

参考年収

TOP LEVEL（チーフマネージャー）	平均（ベテランマネージャー）	BOTTOM LEVEL（新入社員～駆け出しマネージャー）
800万円	600万	300万～400万円

担当するタレントのスケジュール管理から出演交渉、現場手配や挨拶回り、ギャランティの交渉なども マネージャーの仕事です。また将来どういう路線で売り出せばよいかなどを本人や事務所スタッフと考え、プロデュースしていくという重要な役目も担っています。不規則なタレントのスケジュールに合わせて仕事をこなし、信頼関係を築きながら一人前のタレントに育てる――完全な黒子的役割ですが、担当タレントが売れっ子になったときの達成感は並々ならぬものがあります。時にはタレントの個人的な悩みを聞いたりもしますが、あくまでもタレントは事務所の商品であることを忘れないのが一流のマネージャーです。また、マネージャーの人柄やコミュニケーション能力はタレントの信用度をも左右します。強固な人脈を構築して企画を持ち込むなど、タレントの仕事の創生までできるようになれば、敏腕の称号も夢ではありません。

芸能マネージャーへの道

芸能プロダクションに入社するのは非常に狭き門ですが、就職すれば8割方マネージャー業に配属されるというほど、事務所の仕事のほとんどの仕事を担っています。本来マネージャーは文字通りマネジメントをするのが仕事で、付き人のように身の回りの世話をするのは別の人の役目ですが、会社ごとにそのルールは異なるので要チェック。小さなプロダクションでは1人のマネージャーが何人ものタレントを抱え、送り迎えなどの世話も任されることもあります。敏腕マネージャーと呼ばれる人には女性も多く、男女格差の少ない業界です。

大学・専門学校卒業

↓

芸能プロダクションに就職

↓

マネージャー・チーフマネージャーになる

芸能マネージャーのキャリアパス

芸能プロダクションに社員として入社したあとは、マネージャー業務をこなしながら経験を積んでいきます。ベテランのマネージャーになったら、次は複数のマネージャーを統括する「チーフ・マネージャー」になるのが常道。若いスタッフを育てながら、ブランド戦略を考え、会社自体の経営をも担う役職になっていきます。その後は関連会社や子会社を任されることも多く、ゆくゆくは社長になるケースも。

一番のタブーはタレントを連れて独立をする行為。「恩知らず」のレッテルを貼られ、テレビや映画などの仕事から干されるケースも珍しくありません。

6年3組
私の夢は
ミュージカルの素敵な女優さんになることです
わははは
なれるわけないよ～
ムリムリ
絶対なるもん！みんな見てて！
中学・高校を出て
劇団に所属しバイトをしながら稽古やオーディションの日々
しかし家族に女優の道を反対され家を出ることに
しばらく泊めて…
家賃は折半ね♪
居酒屋
オーディション合格おめでとう！

※1 役名のない登場人物のこと

※2 主役のこと

JOB FILE

19

舞台に生きるエンターテイナー

ミュージカル俳優《はいゆう》

活動場所 劇場、映画、テレビなど

資格 特になし

団体など 特になし

参考年収

TOP LEVEL（主役級）	平均（主役ではない脇役）	BOTTOM LEVEL（名前がつかない端役）
700万〜1000万円	200万〜500万円	30万〜80万円

ミュージカル俳優は、演技はもちろん歌、踊り、時にはアクロバティックな動きなども求められる舞台のエンターテイナー。華やかな面に目を奪われがちですが、踊りや歌で体を酷使するため、日々の鍛錬はもちろん練習後や舞台後の体のメンテナンス、節制した日常生活など舞台中心の生活が求められます。劇団や事務所に所属していてもボイストレーニングやダンスレッスンは自費で受けることが多く（ちなみに舞台化粧も自前）、自分への投資額はなかなかのもの。ロングラン作品になると3カ月前から、小規模な舞台だと1カ月ほど前から顔合わせが始まり、稽古と舞台本番を繰り返す毎日になります。

一度舞台に出てしまえばすべては役者に任され、アドリブや突発的な出来事への対応力など肝の大きさを試される場面もしばしば。そのため出演者同士のチームワークが非常に重要で、稽古のときからコミュニケーションを取り合うことが求められます。

ミュージカル俳優への道

**大学・専門学校などで基礎を学ぶ
または個人でダンスやバレエ、演劇、
ボイストレーニングなどの
レッスンを積む**

↓

**劇団や芸能プロダクションなどに
所属する**（※1）

↓

舞台のオーディションを受ける

↓

ミュージカルの舞台へ

（※1 劇団やプロダクションに所属しなくても
オーディションは受けられます）

ミュージカル学科や舞台俳優科などを設ける大学や専門学校も増え、学校で基礎レッスンを経たあとに、劇団の団員（研究生など）や芸能プロダクションに所属するルートが確立しつつあります。ただしほとんどの舞台はオーディション制なので、実力で役をもぎ取ることには変わりません。近年は芸能事務所による手打ち興行や2・5次元（アニメや漫画などを原作とするミュージカル）など、ミュージカル興行数も増えチャンスが広がっています。

ミュージカル俳優のキャリアパス

テレビ俳優やアイドルがミュージカルに挑戦したり、舞台で認められることが役者としてのキャリアアップになっています。基本的にオーディションによる実力重視の世界ですが、まれに所属事務所の政治的な思惑で役が決まることもあるため、劇団もしくは芸能プロダクションに所属するところからキャリアをスタートさせる方が賢明です。

稽古期間中のギャランティ、稽古場や劇場までの交通費も出ないシビアな世界です。「観る天国、やる地獄」との言葉が示す通り、主役級の役者になるまではアルバイトとのかけもちは必須の職業です。

こんにちは
あら芸者に興味があるの？
若い娘さんは大歓迎よ
昔と違って
今は普通に
高校や大学を出た
娘さんが来るから
急がなくても
大丈夫よ
カコン
まず置屋に
入ってもらって
楽器や踊りのお稽古
身のこなしや言葉遣い
接客などの基礎を
覚えてもらいます
住み込みの子もいるし
通う子もいるわよ

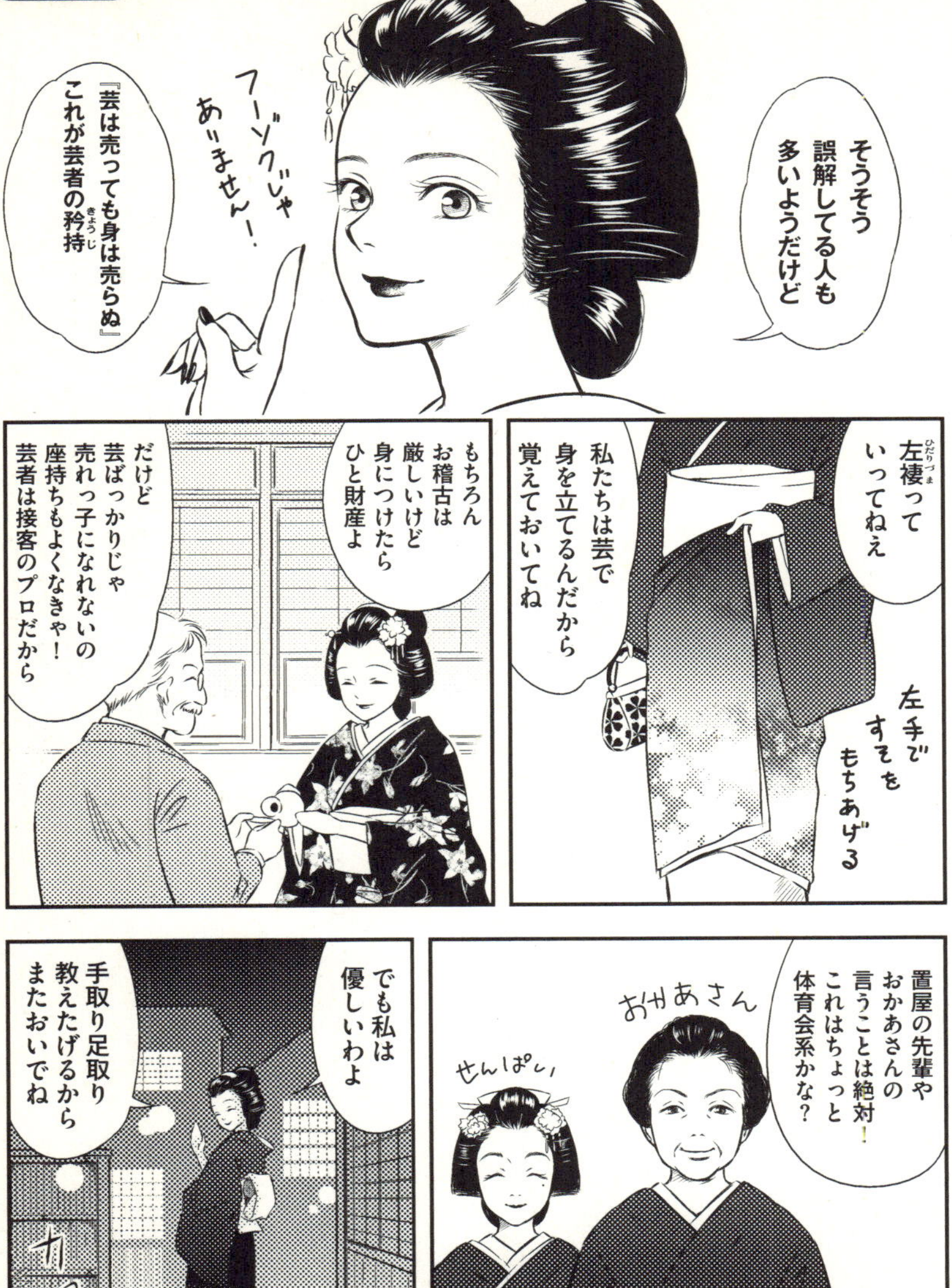
そうそう
誤解してる人も
多いようだけど
フーゾクじゃありません!
『芸は売っても身は売らぬ』
これが芸者の矜持《きょうじ》
左褄《ひだりづま》っていってねえ
私たちは芸で身を立てるんだから覚えておいてね
左手ですそをもちあげる
もちろんお稽古は厳しいけど身につけたらひと財産よ
だけど芸ばっかりじゃ売れっ子になれないの
座持ちもよくなきゃ!
芸者は接客のプロだから
置屋の先輩やおかあさんの言うことは絶対!
これはちょっと体育会系かな?
おかあさん
せんぱい
でも私は優しいわよ
手取り足取り教えたげるから
またおいでね
カラッ

JOB FILE
20

おもてなしのプロ

芸者《げいしゃ》

活動場所 置屋、料亭、髪結い処、三味線や日本舞踊のお稽古場

資格 特になし

団体など 特になし

参考年収

TOP LEVEL（売れっ子芸者）	平均（一人前の芸者）	BOTTOM LEVEL（半玉修業時代）
400万〜600万円	200万〜400万円	100万〜300万円

芸を披露したり話し相手をしながら宴席を盛り上げる、おもてなしのプロフェッショナル。舞踊や三味線、鳴り物など芸を見せて楽しませ、お酌をしながら和やかに場を進行させるなど、かゆいところに手が届く接客で特別な空間を演出します。華やかに見える芸者衆ですが、着物も小物もお稽古代もすべて身銭を切って払うシビアな世界。まれに「芸者は身を売る商売」と勘違いする人がいますが、昔から「芸は売っても身は売らぬ」ことが芸者の矜持。芸を極めて身を立てるという心意気が、厳しいお稽古に明け暮れる芸者の毎日を支えています。

客が芸者を呼びたいときは、宴会が開かれる料亭などに伝え、料亭から見番（置屋のとりまとめ）、見番から置屋に依頼が入って派遣されるという流れ。初めての人は「一見さん」、2回目は「裏を返す」、3回呼んで初めて「お馴染みさん」になれるという手順が花柳界の敷居の高さを物語っています。

芸者への道

まずは置屋に所属をし、三味線や踊り、笛や鼓などの芸事を身につけながら、身のこなしや言葉遣いなど芸者としての基礎を覚えます。踊りが2～3曲踊れるようになれば半玉（修業中の芸者）としてお座敷での初お披露目となり、場の雰囲気や接客などに少しずつ慣れるようにトレーニングが始まります。

その後も芸事のお稽古を続け、お座敷の経験を積んで置屋のおかあさんに認められれば、いよいよ一人前の芸者に。人気商売なので、ご贔屓《ひいき》さんをたくさん抱えて指名がかかるようになれば、収入面でも安定します。

学校卒業後に
芸者の置屋に所属

↓

見習いとして修業
（三味線や踊り、唄、鳴物などのお稽古）

↓

半玉として
お座敷デビュー

↓

さらに修業を積み、
一人前の芸者に

芸者のキャリアパス

売れる芸者の条件は「1に座持ち、2に芸、3に器量」といわれるほど、いかに宴席を気持ちよく過ごさせるかが勝負です。芸者を呼べるような経済的・精神的に余裕のある客への対応は、芸者側にも勉強や品性が求められます。

正規のギャランティのほかにご祝儀が入ることも多く、ご贔屓さんをいかに多く獲得するかで命運が分かれます。

近年は和服着用でお酌だけをする芸者コンパニオンも登場し、お座敷遊びの世界を荒らしている問題も。慢性的に若手不足の花柳界だけに、本物の芸者後継者たちが求められています。

ダンススクー
はーい
今日のレッスンは
ここまで！
今の動き忘れ
ないようにね
それと来週日曜の
ダンスイベントに
僕が振付師として
参加します
勉強にもなるし ぜひ
応援に来てください
Future of Dance 2017
え～!?
先生 イケメンだし
センターで踊って
ほしいな～
そ～
ですよ！
先生が裏方
なんて～
裏方ねぇ…
うちのチームの
ダンスを見ても
そう言えるかなぁ
?
?

振付師
イベント当日
ズンズン
ズン
ズン
ズン
この動き見たことある！
うんっ!! まるで先生が踊ってるみたい！
わあぁ〜
そう…
振付はパフォーマンスの雰囲気や完成度を大きく左右する
いわばダンスの顔なんだ
振付のみで暮らせる者はほんのひと握りでダンススクール講師などと兼業するのが一般的だが
表現者にとって魅力あふれる職業といえる

JOB FILE

21

踊り手を輝かせる裏方仕事

振付師《ふりつけし》

活動場所 劇場、劇団などの稽古場、ダンススタジオ、テーマパークなど

資格 特になし

団体など 特になし

参考年収

TOP LEVEL（人気振付師）	平均（普通の振付師）	BOTTOM LEVEL（ダンサー兼振付師）
2000万円〜	300万〜700万円	200万〜500万円

振付というと「ダンス」のイメージが浮かびますが、実際はフィギュアスケートや歌舞伎、テーマパークなどでも必要な振付の仕事。舞台全体の印象や踊り手の見え方を左右するのも振付師の実力次第という、影響力が大きい仕事です。

踊り手としての経験を重ねるうちに得意なジャンルは絞られていきますが、演劇や音楽など芸術全般に興味を持ち、感性を磨いておくと、ユニークで独創性のある仕事ができるようになります。振付師は踊り手としてのキャリアの延長線上にあるものですが、踊り手は表現者で、振付師はあくまでも踊る人を輝かせるための裏方仕事。人を指導することが好きな人、今あるものに満足せず自分で工夫することが得意な人は向いているといえます。ダンスの授業が小中学校の必修科目になったりと、ダンスや振付の裾野が広がりつつある昨今、振付師の仕事も今後はよりメジャーになっていくでしょう。

振付師への道

振付師になるには、ダンス教室や専門学校でバレエやジャズ、ヒップホップ、日本舞踊など幅広いダンスの基礎を徹底的に学び、まずダンサーを目指すことが第一歩。スタジオなどに所属してダンス教室の手伝いをしたり、ダンサーとして活動をしながら、オーディションやコンテストで実績を出し経験を積んでいきます。

その後、ダンサー専門のプロダクションに入ったり、フリーの有名振付師に弟子入りするなどして、振付師としてのキャリアをスタートさせることになります。

専門学校やダンス教室で
ダンスの基礎を学ぶ

↓

ダンサーとして事務所に
登録し活動する

↓

ダンス教室の先生になる
もしくは個人振付師の
元へ修業に入る

↓

振付師として
フリーランスで活動

振付師のキャリアパス

振付師のほとんどはダンス教室を経営したり、ダンス講師と兼任しているのが現状で、振付師専門で食べている人は日本でも数人しかいないといわれています。振付師のギャラは1曲単位や1本のCM単位で支払われ、新人なら1曲数万円、売れっ子になれば50万～100万円というほど幅があります。

振付師はその作品が多くの人の目に触れてこそ、実力を認めさせることができるので、発表の場を増やす努力は欠かせません。また、その業界の人たちに物怖じせず売り込む積極性やコミュニケーション力も必須です。

CHAPTER

04

芸術系職業

学生時代
くだらない世界を
軽蔑していたころ
私はライトノベルを
開いて空想の旅に
出かけていた
現実とかけ離れた
奇想天外な世界は
いつも私を
楽しく迎えて
くれた…
私も誰かに感動を
与えるライトノベルを
書きたい！
…こうして私は
作家志望者に
なったのだ！
ねぇ 萌美
それってニートと
何が違うの…？
カチ
カチ
ページ数は
…と
ファンタジーが
書きたいから
そういうのを募集してる
会社に応募しよう

ラノベ作家になるには 小説サイトへの投稿や 雑誌などの新人賞に 応募する方法があります 出版社ごとに 得意とするジャンルも さまざまなので
カタカタ
カタカタ
賞に応募する際は 自分のレベルや 作風に合う会社を 選ばなくては なりません
ブル ブル ブル
何とか〆切までに 書けた… 賞に引っかかって くれますように…!!
送信
キャラも展開も 全部どこかで 見たような感じ
ザク
3週間後──
NEW
○○出版
出版社から メールだ! けっこう自信あるから 楽しみだな!
こうして編集さんの 批評をもらえる 新人賞もあるのですが…
展開が急で 意味不明
ザク
基本的な 文章力はある
設定の説明が 多い
ザク
構成が雑
ザク
こ…ここは 褒められてる …まだ頑張れる
近年応募者が増え 審査も厳しくなって いるそうです…

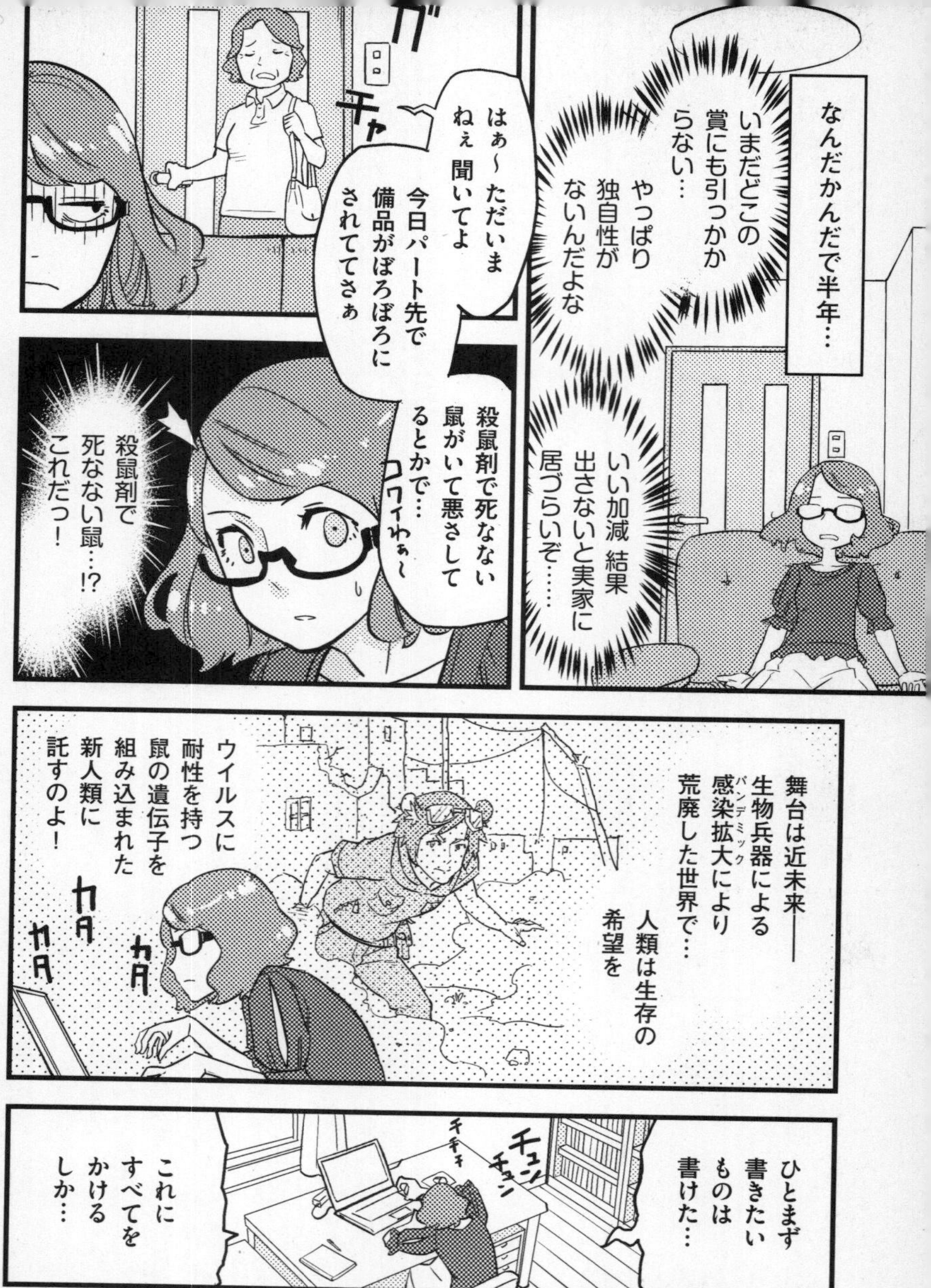

なんだかんだで半年…
いまだどこの賞にも引っかからない…
やっぱり独自性がないんだよな
いい加減 結果出さないと実家に居づらいぞ……
ガチャ
はぁ～ ただいま ねぇ 聞いてよ
今日パート先で備品がぼろぼろにされててさぁ
殺鼠剤で死なない鼠がいて悪さしてるとかで…
コワイわぁ～
殺鼠剤で死なない鼠…!? これだっ!
舞台は近未来——
生物兵器による感染拡大《パンデミック》により荒廃した世界で…
人類は生存の希望を
ウイルスに耐性を持つ鼠の遺伝子を組み込まれた新人類に託すのよ!
カタ カタ カタ
ひとまず書きたいものは書けた…
チュン チュン
チチチ
これにすべてをかけるしか…

1カ月後
あー
やっぱダメかぁ…
あはは…私には向いてないみたい
入賞結果発表!!
大賞……無し
優秀賞…大友大吾(27)
佳作……井川青洲(31)
入選……ひがしむられん(2
…だいたい出版できても1万部売れて50～70万円くらい毎年3～4冊は出し続けないと生活できない…どだい無理な話だったんだよ
RRRRRR
知らない番号…
もしもし
鹿間萌美さんですか? 宝鳥出版の近藤というものですが
ガ
この度 新人賞に応募された作品私はすごく好きで…添削しますので次回の新人賞に応募しませんか?
うそ…
あっ…ありがとうございます! ぜひ…!!
受賞を逃しても担当がつくこともあるのです!
諦めずトライする価値はありますよね!!

JOB FILE
22

ファンタジー世界の扉を開く

ライトノベル作家《さっか》

活動場所 自宅、出版社など

資格 特になし

団体など 特になし

参考年収

TOP LEVEL（作品のメディアミックス展開）	平均（ヒット作がシリーズ化）	BOTTOM LEVEL（出版社の新人賞を受賞）
1000万円〜	500万円	50万円〜

ライトノベル（ラノベ）とは、主に10代の若者層に人気の、新しい小説のジャンルです。はっきりとした定義はないものの、アニメのように非現実的な世界観やキャラクターを中心としたもの、サブカルチャーの中で生まれたようなものが、ラノベと呼ばれています。

作家の裾野も広い分野で、異世界ファンタジーや恋愛などのストーリーが多いのが特徴。出版社も大手から電子書籍のみを扱うところまでさまざまで、出版社ごとに得意ジャンルを持っています。新人賞などに応募する際は、自分の作風に合った出版社を見極める必要があるでしょう。最近は応募者が増え、審査も厳しくなっていますが、たとえ受賞を逃しても、見込みがあると判断されれば担当がつくケースもあります。デビュー後は、毎月1冊は書くことができるアイデアと体力が求められ、執筆スピードを上げる努力もしていかなければなりません。

ライトノベル作家への道

ライトノベル作家になるには、オンライン小説サイトへの投稿や、出版社主催の新人賞などに応募する方法があります。

小説投稿サイトで人気作品となれば、出版社から直接声がかかることもあり、以前よりその機会は増えています。一方、各出版社が開催する新人賞を受賞できれば、デビューの可能性は一気に高まります。

もっとも、デビューしてからが本当の勝負ともいえる職業です。新人賞受賞のみで消えていく作家もいますから、常に書き続ける力が必要です。

作品を執筆

↓

オンライン
小説サイトに投稿

↓

出版社が主催する
賞に応募

↓

受賞し、出版化

ライトノベル作家のキャリアパス

ライトノベル作家の印税は基本10%といわれ、1冊につき50～70円程度。新人賞で受賞して作品を出版したとして、1万部売れて50万～70万円ほどです。もし1年間に3～4冊のペースで出版できれば年収は150万～280万円。コンスタントに作品を発表するのは体力的にも大変なため、トップレベルのラノベ作家でも活動期間は比較的短めのようです。

ライトノベルは、売れ行きが悪ければ1冊で打ち切りになることも珍しくありませんが、人気が出ればシリーズ化も考えられます。ヒット作を生み出すことができれば、アニメ化やゲーム化されることも夢ではありません。

吹奏楽部――
えっ 指揮者になりたいのですか？
無理だと思う… さとうくん ハーモニカしか 弾けないし
魚目くん（1年）
楽器が弾けないから 指揮者になりたい んだよ!!
有名になれば 年収1億も 夢じゃ ねえってな!!
さとうくん
さとうくん（1年）
1回死んでください
真顔で言うな 怖い…
まず指揮者になるには 楽譜の読み書きは もちろん あらゆる 楽器が演奏できなければ 指揮はとれません
指揮専攻科や 指揮科を 設けている大学も ありますが オール2の さとうくんには ペラペラ ペラ…
わざとらしく 解説しやがって…
なにせ2Pマンガ ですから 次のコマでは ある程度 成長して もらわないと

そしてさとうくんはめっちゃ努力しました
ハッハッ ハッ
夢のセレブ生活を目指して…
二浪の末指揮科のある大学に合格——そして卒業
おっと現実味がないからと途中でやめないでね
しかし現実は
一応プロになったのはいいけど年収がサラリーマン以下
もっとそうだ…もっと注目されるインパクトがないと…
魚目…
オレと組まないか？
オレは盲目の指揮者として売り出すこれぞインパクト!!
なぁ…そう思うだろ
……
魚目は作曲の才能があるからそのへんよろしく頼むな！
ゴーストライターってやつだ!!
さとうくん
1回死んでください
ご…ごめん

JOB FILE

23

オーケストラを統率する

指揮者《しきしゃ》

活動場所 コンサート会場

資格 特になし

団体など 日本指揮者協会

参考年収

TOP LEVEL（世界的有名指揮者）	平均	BOTTOM LEVEL（若手指揮者）
1億2000万円	500万〜2500万円	200万円

指揮者は、尊敬の意を込めて「マエストロ」と呼ばれることがあります。それは、クラシック曲ほぼすべてのイメージに精通し、音楽知識は楽器演奏者よりも高く、哲学や文学にも通じ、博識である必要があるからです。

指揮者と聞くと、クラシックコンサートでタクト（指揮棒）を振りながら、オーケストラ全体へのタイミング指示と楽器演奏者への音の強弱指示を行うイメージが強いですが、公演本番までの道のりにおいても、多くのやるべきことがあります。公演前の練習では、楽譜には書かれていない部分の指導や楽譜から指揮者が感じ、解釈したイメージをオーケストラ全体に共有させ、表現させるための訓練を行います。そうした訓練を通して、公演本番日までオーケストラ全体の演奏を仕上げていきます。また、オーケストラ内の人間関係を円滑にしたり、演奏者の疲労軽減に目を配るのも指揮者の大事な役割です。

指揮者への道

指揮者になるためには音楽専門大学へ入学するのが一番の近道になりますが、国立音大の場合、日本においては東京藝術大学音楽学部指揮科のみとなります。ですが、入学するためにはピアノの実力（権威のあるコンクールでの受賞レベル）はもちろんのこと、指揮実技、スコアリーディング（楽譜を読み解くこと）に関する知識も必須です。そのため、合格のためには専門講師の下での指導が必要となります。私立音大にも、指揮科が設置されている学校は数多くあります。

音楽高校卒業

↓

音楽専門大学卒業
（国立もしくは私立）

↓

音楽専門大学院卒業

↓

楽団の専属指揮者
or
オファーを受けて指揮

指揮者のキャリアパス

指揮者は出身音大などにより、その後の活躍場所が変わります。私立音大出身者は、地方の交響楽団の専属指揮者であったり、大学内のオーケストラの指揮を通じ、教授や各楽団からのオファーを受けて指揮をすることになります。1回の報酬額は一般のサラリーマン以上ですが、移動費用は実費で年間の公演回数も多くありません。

一方、国立音大を卒業して経験を積み、世界的に認められた有名指揮者の場合、1回の公演総合（週単位）で500万円程度の報酬とされています。しかし、そうした指揮者は一握りの厳しい世界です。

おお 魔法少女サトミのフィギュア！
めっちゃハイクオリティ!!
みんなペットに変えちゃうぞ☆
これ1体ください！
オレのヨメにします!!
同志よ
まいど！
可愛い女の子を立体的につくりたかった俺は
もげもげサークル
好きすぎて専門学校に入学
高い授業料は採算度外視
定職にもつかず同人即売会に出品し生活している
フィギュア学校
すみません 君がこのフィギュアの作者？
よかったら わが社で……
もげもげサークル
サトミ
!!
株式会社ホビーホ
人事担当
晴山

喜んで!!
ム
今まで即売会で売れっ子だった俺の場合
会社に就職すれば逆に収入は減ってしまう
給料
でも迷いはなかった
プロの現場で最新の技術が見たかったからだ
今や3Dの時代…
俺は絶対に新しい技術を手に入れる
オオオ…!
もっともっとうまくなって有名原型師になるんだ!
俺氏制作
神だ!
カリスマ神原型師
俺です!

JOB FILE

24

小さな人形に魂を吹き込む

フィギュア原型師《げんけいし》

活動場所 自宅
プライズ会社

資格 特になし

団体など 特になし

参考年収

TOP LEVEL（フリーランス）	平均（ベテランフィギュア原型師）	BOTTOM LEVEL（新人フィギュア原型師）
600万円	360万円	200万円

日本のアニメやゲームのブームにより、今や世界で人気になっているキャラクターフィギュア。フィギュア原型師はこのフィギュアを大量生産するための原型を制作する人たちです。フィギュアの企画が決まったら、原型制作のスタート。頭身のデフォルメなど企画に沿った原型を制作していきます。

以前はフィギュアの原型は粘土やパテを使用して手作業で制作されていましたが、最近では３Dプリンタなどの台頭によりパソコンで原型を作成する人も増えてきました。どのようなツールで制作する場合でも、求められるのは平面で描かれたキャラクターを立体的につくるための空間認識能力です。

なお、一般常識やコミュニケーション能力が必要なのは、ほかの業界と変わりません。フィギュアづくりを趣味の延長と考え、つくりたい物を優先してクライアントからの修正指示や締め切りを無視するなどはもってのほかです。

フィギュア原型師への道

フィギュア原型師には制作会社に就職して働く人と、即売会などのイベントでスカウトされ、フリーランスとして働く人がいます。まずは会社に所属し、技術を身につけて独立する人が多いようです。

しかし、特殊な業界上、希望の求人を見つけるのも一苦労。最近では専門学校もでき始めました。学校に通う場合、学費はかかるものの、技術や知識が習得できるだけでなく、学校限定の求人や卒業生からの斡旋などもあるため、就職しやすくなる傾向があります。

専門学校などに通い、
フィギュアづくりの
基礎を学ぶ

↓

フィギュアの
制作会社に入社する

↓

仕事をしながら技術や
知識を習得する

↓

フリーランスのフィギュア
原型師として独立する

フィギュア原型師のキャリアパス

フィギュア業界というニッチな業界ということもあり、給料や労働環境などの情報は見つかりにくいのが現状です。

会社の規模にもよりますが、実際のところ会社勤務の場合、新入社員で高卒程度の初任給から始まります。技術を身につけフリーランスの原型師ともなれば1体あたりの原型制作による収入は18万～35万円程度になるといわれています。

実力を磨いて制作スピードを上げていったり、修正が容易なデジタルの造形技術も身につけたりしていけば、作業効率も上がるだけでなく、月に複数体の原型を制作できるようになり、それだけ収入も増えていくでしょう。

象牙――
その名の通り
象の発達した
門歯である
美しい乳白色と
硬質ながら加工の
容易な点で
古来より珍重され
紅牙撥鏤尺
肩付の蓋
印籠
判子
日本でも奈良時代から
撥《ばち》・印籠《いんろう》・根付・印鑑
などさまざまな用途に
加工されてきた
しかし戦後
象牙の需要の急増と
ともに象が大量に
殺戮されたため
No!! ワシントン条約
ワシントン条約が
締結され 象牙の
国際取引が禁止に
日本には
数少ない在庫が
残されるのみ
である
ふぁあ…
それとともに象牙職人も
激減し 今や数えるほど
この根付師もその一人だ
象牙
さぁて 今日は
何つくるかね
ま…思いのままに
削ってみるか
超級の根付師は
脳内の構想のみで
いきなり象牙を
加工し始める

イィ…
イィ…
徐々に削る機械を小さくして細かく削り彫り――
最後にオリジナルの手掘り道具で地道に仕上げていく
チチ…
構想から完成までは約20日――脳内のデザインを忠実に削り出す
チチッ
カリ… カリ…
超級の腕前の職人が削り出す象牙の根付は皇族の方にも愛され大英博物館に収蔵されるほどだ
カリ… ガリ…
先生！ネットで根付の注文が大口で入りました
おう それはありがたいね
注文表 置いておきますね
ふふ…お前さん招き猫だったのか？
お前さんもよい飼い主に飼われるといいねぇ…
カリ… カリー
かの職人のアトリエは自宅の2階の部屋を改造したもの…
しかし今日もこの小さなアトリエから世界に類なき芸術品が生み出されていくのだ
ガリ… ガリ…

JOB FILE

25

世界に誇る日本独自の芸術家

根付師《ねつけし》

活動場所 自宅、工房

資格 特になし

団体など 日本根付研究会、日本左刃彫刻会

参考年収

TOP LEVEL（一流根付師）	平均（専業根付師）	BOTTOM LEVEL（新人・副業）
1000万円	300万円	50万円

根付とは、煙草入れや印籠などを腰の帯から吊るして携帯するために用いられた留め具です。特に江戸時代に男性用の着物で持ち歩くときに重宝された実用品ですが、明治時代にボタンとポケットのある洋服文化が浸透すると根付の需要は激減。以後、観賞用などの美術品として人気を博しています。

根付は日本独自の細密彫刻で、根付師と呼ばれる職人の手によって彫り出されます。材料はツゲなどの堅い木材をはじめさまざまですが、美術品としてもっともよく知られるのは象牙の根付です。木材よりもきめ細かな意匠が可能で、動物や昆虫、植物、人物、空想上の生物など、多様な題材で制作されています。

しかし、1989年のワシントン条約会議で象牙の国際取引が全面禁止になると、後継者も育たなくなり、現在では根付師と呼ばれる専業の職人は、国内に数えるほどしかいないとされています。

根付師への道

根付師に弟子入りする
or
カルチャースクールなどで、基本的な制作方法を学ぶ
↓
仕事をしながら技術や知識を磨く
↓
フリーランスの根付師として独立する

根付師になるには、弟子入りするのが一番ですが、今や根付師そのものが希少であり、さらに弟子をとっている職人を探すとなるとかなり厳しいのが現状です。どちらかといえば、根付彫刻などのカルチャースクールに通い、基本的な制作方法を学んでから独学で技術を磨いていく方が現実的でしょう。

しかし、そこからプロの根付師として認められるようになるには、かなりのハードルがあります。技術を磨くとともに、自身で売り込む能力も必要とされます。

根付師のキャリアパス

根付師という職業は、特に資格があるわけではなく、完全な職人の世界です。プロとしてどう評価されるかは、自身の生み出す作品にかかっています。

現在、象牙の国際取引は全面禁止となっていますが、日本国内での製造・販売は、ワシントン条約上も国内の法律上も問題ありません。1999年に、特例的に日本に50トンの象牙が輸入されており、今のところは在庫も問題ないようです。

象牙製の根付は、数万円からトップクラスになると数百万円の値がつくものもあります。昨今、「根付は携帯ストラップの元祖」ともいわれるようになり、現代に合った根付の創造も期待されます。

インタビュー01

象牙の中から、イメージを彫り出す

「根付」は日本の誇れる伝統工芸ですが、前項で述べたように根付師と呼ばれる専業の職人は減少の一途をたどっています。ここでは、国内外で評価の高い桜井英之氏に、根付師になった経緯とその仕事について話をうかがいました。

根付師
桜井英之

父のもとで磨いた技術、作品は大英博物館にも所蔵

「兄が2人とも継いでいたし、その気は全然なかったんだけどね」

自身が根付師としてのキャリアをスタートしたきっかけについて、桜井英之氏はそう語る。高校は進学校で大学に進むつもりだったが、受験に失敗。浪人してまで……と考えていると、父に誘われたことで「まあ、いいか」と根付師の道を歩むことにしたという。

桜井家は、象牙の世界では知らぬ人のいない名家だ。長男の廣晴（二代目）氏は、江戸象牙東京都伝統工芸士に認定されたほか、無形文化財にも登録。次男の廣明氏も黄綬褒章を受章。そんな父と兄たちのもとで十年以上修業した英之氏は、周囲の声によれば「もっとも職人気質」だそうで、独立後も黙々と技術を磨き、作品をつくり続けてきた。その腕は国内外で高く評価され、東京芸大やイギリスの大英博物館にも作品が所蔵されている。

「象牙が入らなくなると聞いて木材でも制作したけど、きめ細かい彫刻をするにはやっぱり象牙。幸い、日本には特例的に輸入された分の在庫がまだ残っているから、私が生きている間は問題なさそうだよ（笑）」

図面におこさず、イメージを直接彫る

根付は、わずか5～6㎝程度の丸みを帯びた物体で、360度すべてに彫刻を施す。紐を通すための2つの穴も必要で、彫る技術に加え、何をどう意匠するかという構成力も重要になる。しかし、図面などにおこすことはなく、「簡単なスケッチを描くこともあるけれど、大抵はイメージしたものを直接彫り始める」というから驚きだ。

そんな頭の中で創造したデザインを完成させるまでにかかる期間は、毎日7、8時間かけて半月から20日程度。さまざまな工夫を凝らし、毛彫り一本一本まで精緻に仕上げるのはまさに職人芸で、相当な体力と精神力も必要とする。象牙の問題もあり、根付師は一人また一人と姿を消していったが、一方で異業種から根付をつくろうとする人も出てきたという。

「簡単な仕事ではないし、若い人にはとても勧められないけれどね。仕事にはしなくても、一度は根付を見てもらえたら嬉しいね」

❶ 自作の彫刻刀で象牙から掘り出していく。彫りたい形状に合わせた彫刻刀は数十種類に及ぶ。

❷ 宝石などで意匠することも。写真は、額にエメラルドを埋め込んでいるところ。

❸ 完成した根付。

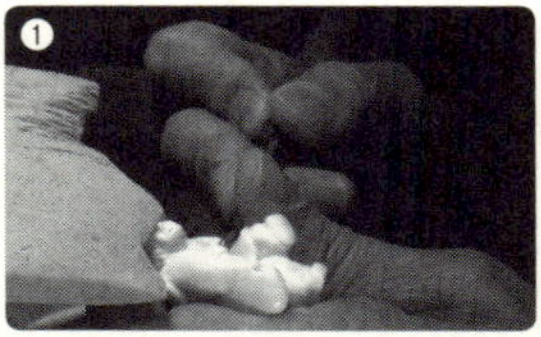

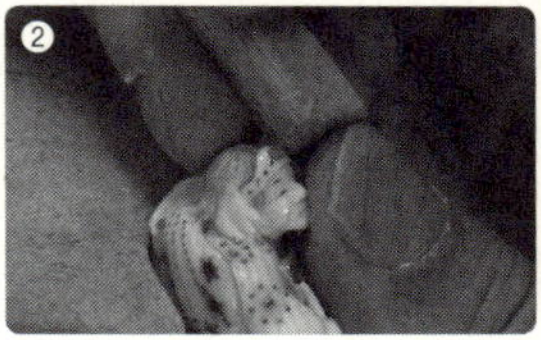

CHAPTER

05

医療系職業

とある会社のカウンセリングルームで
臨床心理士をやっています
その会社の社員です
今日はどうされました？
最近 仕事がうまくいっていない気がして…
どうしてそう思うんですか？
えーと
きっかけになるような出来事とか
何か印象に残っている出来事は？
企画が通らなかったこと…ですかね
自信あったのに
その後ほかに企画を出したりは？
してないですね
あれがダメならほかもどうせダメだろうって
臨床心理士はクライアントの悩みや問題を聞き
本当にそう思う？

す
くっ
いや…やってみないとわかんないですねー
クライアント自らの力で
問題解決できるよう導きます
よーしやるぞぉ!
グッ
頑張って!
臨床心理士は就業先が少なく資格取得のハードルも高い職業ではあります
【主な受験資格】
・協会指定の大学院を修了し、所定条件を充足する者
・臨床心理士養成に関する専門職大学院を修了した者
・医師免許取得者で、心理臨床経験２年以上　など
・日本臨床心理士資格認定協会の資格審査に合格
※臨床心理士として活動開始後も５年ごとに再認定を受ける
人と接する職業柄クライアントの助けになれたときは
企画とおりました!
おめでとう!
深い喜びを感じられることと思います

JOB FILE

26 現代人の心の問題に寄り添う

臨《りん》床《しょう》心《しん》理《り》士《し》

活動場所 学校・病院・企業のカウンセリングルーム、役所、児童相談所、老人福祉施設、養育施設、裁判所、警察関連施設など

資格 日本臨床心理士資格認定協会が認定する民間資格

団体など 日本臨床心理士資格認定協会

参考年収

TOP LEVEL （独立したカウンセラー）	平均 （常勤のカウンセラー）	BOTTOM LEVEL （非常勤のカウンセラーなど）
700万～1000万円	300万～600万円	200万～400万円

精神科では医師による診断と投薬による治療が中心ですが、臨床心理士は心に悩みや問題を抱える人に対し、数百種類ともいわれる心理学的なアプローチで問題解決に導く仕事です。「カウンセラーが答えを導き出してくれる」と思い違いをする人もいますが、カウンセリングはクライアント自身が問題に気づき、自分で答えを出す行為。カウンセラーはそのヒントを与える仕事です。

根気強い対応が求められるうえ、学校や公的機関での勤務では周囲の人たちと連携を取りながら仕事を進めることになるため、コミュニケーション能力も問われます。カウンセリングが適切かどうかの検討や臨床心理士への精神的サポートのため、臨床心理士自身も定期的に上級者からスーパービジョン（助言や指導など）を受けます。資格取得後も5年ごとに更新を受けなければならないので、生涯にわたって学び続ける姿勢が必要な職業です。

臨床心理士への道

指定大学院修了や医師免許取得後に心理臨床経験が2年以上などの諸条件をクリアした人のみに与えられる受験資格。試験は筆記と面接で、合格率は6割程度です。日本では長らく心理職の国家資格がなかったため、数々の民間資格が乱立する中で最も取得の難易度が高く、権威のある資格が臨床心理士でした。それゆえ学校や保健所、司法機関などの心理職に就くには必要な資格として設定されています。それに対し日本初の心理系国家資格「公認心理師」ができ、2018年から資格試験が実施される予定で、既存の臨床心理士の立場がどうなっていくのか注目されています。

協会指定の
大学院修了などの
受験資格を得る

↓

日本臨床心理士資格
認定協会の
資格審査に合格

↓

臨床心理士として
活動開始

↓

5年ごとに
再認定を受ける

臨床心理士のキャリアパス

臨床心理士は資格取得のハードルの高さに加え、就職先確保も難しいといわれる孤高の職業。正規雇用での採用や公募が少ないので、卒業大学院の実績や担当教授や個人のコネクションがモノをいいます。比較的収入が安定しているのが企業内のカウンセリングルームともいわれますが、慢性的に心理職が不足している地方勤務をいとわなければ、比較的仕事先も見つけやすいそう。技術を磨いて経験を積んだ後は、独立・開業することも可能ですが、カウンセリング文化が希薄な日本ではクライアント確保が難しいのが現実のようです。

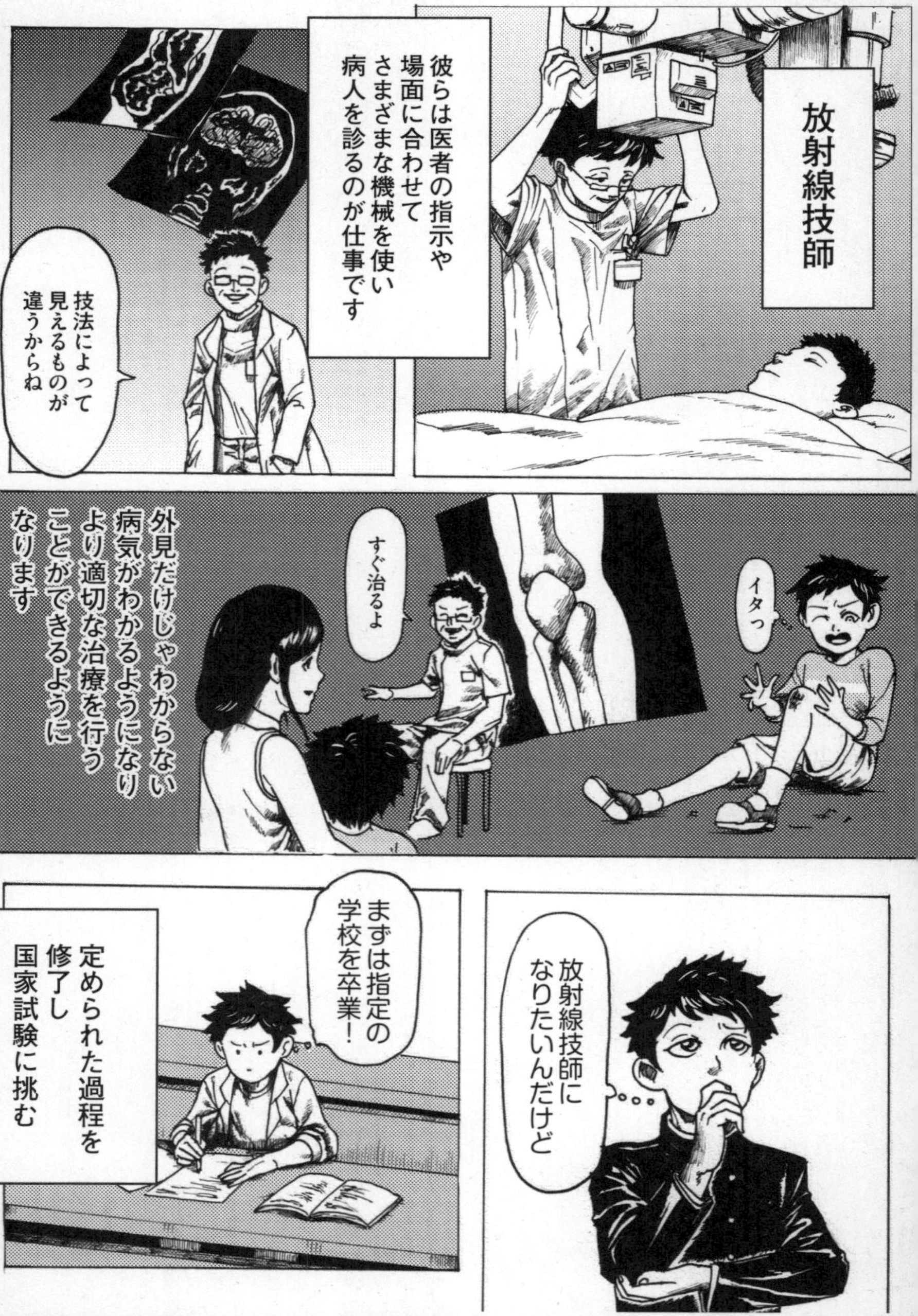

放射線技師
彼らは医者の指示や場面に合わせてさまざまな機械を使い病人を診るのが仕事です
技法によって見えるものが違うからね
イタっ
すぐ治るよ
外見だけじゃわからない病気がわかるようになりより適切な治療を行うことができるようになります
放射線技師になりたいんだけど
まずは指定の学校を卒業!
定められた過程を修了し国家試験に挑む

試験に合格して大学病院などに通勤
学校で積んだ経験を生かし
やったことあるなぁ
これからも頑張ってな
お世話になりました先生！
民間の病院に転属するケースも多いようです
検査以外にもがんの治療や病気の発見につなげるのも放射線技師のやりがいともいえるでしょう

JOB FILE

27 現代医療を支える屋台骨

放射線技師《ほうしゃせんぎし》

活動場所 病院、検診施設など

資格 診療放射線技師

団体など 日本診療放射線技師会、日本放射線技術学会など

参考年収

TOP LEVEL（高度医療を提供する大規模な医療機関などに勤務）	平均（大学病院などに勤務）	BOTTOM LEVEL（地方のクリニックや公立病院などに勤務）
600万～800万円	400万～600万円	300万～400万円

　医師のオーダーに応え、放射線を用いた検査や治療を行うのが放射線技師の仕事です。放射線というと一般的に知られているのはX線撮影（レントゲン）ですが、最近ではそれ以外にも、消化管造影検査、CT検査、MRI検査、マンモグラフィ、核医学検査、超音波検査など、放射線技師が果たす役割の範囲は広がっています。また検査以外にも、現代のがん治療には欠かすことのできない放射線治療も行います。自らの技術を磨き、病気の発見や治療につなげることができるのが、放射線技師のやりがいといえるでしょう。撮影した検査画像が医師の診断や治療を支え、結果として患者さんの生命にかかわることもあるため、責任も重大です。放射線のスペシャリストとしての誇りを持ち、コツコツと地道な努力を重ねられる人に向いている仕事かもしれません。放射線医療の分野は日々進歩しており、医師のニーズに的確に対応していく向上心も求められます。

放射線技師への道

放射線技師になるには、まず大学や短大、専門学校などの養成課程で3年以上学び、実際の現場で求められる知識や技能を習得する必要があります。放射線技師の養成課程のある学校は全国に約40校あり、座学や実技のほか、医療機関などでの実習も行います。定められた課程を修了すると、診療放射線技師の国家試験の受験資格が得られます。試験の合格率は60〜70％前後。資格取得後は、病院や診療所に勤めるケースが多いようです。

放射線技師の養成課程を修了
（指定の学校や養成所で3年以上）

↓

診療放射線技師試験に合格

↓

大学病院などに勤務

↓

民間の病院などに転属

放射線技師のキャリアパス

人体に放射線を照射できるのは、医師や歯科医師を除けば放射線技師のみ。それだけ専門性の高い仕事であり、しっかりとした知識や技術を身につければ医療機関などにおけるニーズは多くあるでしょう。

勤務する施設によっても業務は異なり、大規模な病院では検査や治療といった担当部門が分かれていることも。一方で個人経営のクリニックなどでは一人でさまざまな機器を扱うことになります。

まず大学病院などでの勤務を経て、放射線技師として経験を積みながら、より条件のよい病院への転属を目指すケースが一般的です。

あー 前歯の一本が 黒ずんで きてますねぇ…
あが…
ぐぃ
そうなんです… キレイに なります?
いや削って 差し歯にする 必要がありますね
削って型とりましょう
ウィーン
差し歯!? そんな大事《おおごと》!?
私まだ 高校生なのに 差し歯入れるの!?
型をとった後 銀歯や差し歯などを つくるのは 歯医者ではなく
専門的に それらをつくる 技術職――
歯科技工士で ある
コリコリ
パカパカ
ん、良し。
矯正マウスピース
入れ歯や差し歯 歯の矯正装置 マウスピースなど
口の中で 使用されるものの ほぼすべてを つくっている
スッ

女の子が笑うとき…
私のつくった差し歯が
見えるんだから
気合い入れなきゃね！
セラミック
保険適応外
リアルなつくり
レジン
保険適応
白っぽい
女の子の
前歯だから
奮発したのかしら
口の中は敏感なため
差し歯などは
それぞれの患者に
ピッタリと合う形に
する必要があります
はい差し歯入れますよ〜
あー…
近年は価格の安い
海外への発注が
増加傾向にありますが
今でも日本人の
高い技術力にかなう
レベルにはありません
違和感ありますか？
腕利きの技工士に
頼んでるので
大丈夫とは思うけど
モソモソ
全然違和感ない…
ショックだったけど
まぁ仕方ないか…
歯科技工士が
つくるものとは一生の
付き合い
入れ歯
入れ歯〜
よい歯医者とは
腕のいい歯科技工士を
抱えていることも
大事な条件なのです

JOB FILE

28

歯科医師を支える隠れた技術者

歯科技工士《しかぎこうし》

活動場所 歯科技工所、歯科医院、病院、歯科機材メーカーなど

資格 歯科技工士

団体など 日本歯科技工士会

参考年収

TOP LEVEL（フリーの歯科技工士）	平均（歯科技工所のベテラン歯科技工士）	BOTTOM LEVEL（歯科技工所関連の新入社員）
600万～800万円	300万～500万円	250万～300万円

歯科医師や歯科衛生士の依頼にしたがって歯の詰めものや被せもの、入れ歯や差し歯、歯の矯正装置、マウスピースなど口の中で使用されるもののほぼすべてを作成する仕事です。例えば歯医者で虫歯部分を削って型をとったあと、その型が歯科技工士に渡され、詰めものや被せものをつくります。実際に患者さんに装着したあと、合わなければ削るなどの再調整も行います。口の中は敏感なため、それぞれの患者に違和感がないようピッタリと合う形につくる必要があり、細かくて緻密な作業をコツコツと続けられる人に向いています。

近年は口腔の健康が体全体に及ぼす影響が解明され、歯周病や歯の噛み合わせなどへの意識が高まっています。技術が高い技工士のところに仕事が集中する傾向があるので、歯科医師や患者の求めるものに応えられるよう、腕を磨いて精進する努力は必須になります。

歯科技工士への道

専門学校（2年）や
大学（４年）で
歯科技工の
知識や技術を習得

↓

歯科技工士の
国家試験を受験

↓

歯科技工会社や
歯科技工所で経験を積む

↓

フリーとして独立

歯科技工士養成の専門学校や短大、大学などで実習を通じて知識や技術をみっちりと仕込まれ、卒業すると歯科技工士の国家試験の受験資格が得られます。在学中にいかにしっかり技術を身につけるかが、試験の実技をパスするポイント。試験合格後、保健所に免許申請を行って初めて免許証が交付されるという、しっかりした資格です。常に若手の人材が不足気味の業界のため、就職は困らないでしょう。男女差もない仕事なので、有資格者として女性でも活躍が期待されます。

歯科技工士のキャリアパス

医療系の技術職としては給与はやや低めですが、長期的視野で技術を磨いてキャリアを積みながら、給与アップを狙いましょう。

将来は個人の歯科技工士として独立するのか、大手歯科医院や大学病院などの制度が整った職場でのし上がっていくのかでも大きく道が異なります。

女性が結婚や出産などで現場を離れたとしても、腕を落とさないように努力しておけば職場復帰は可能です。近年は３Ｄプリンタなどの普及により価格の安い海外への発注が増加傾向にありますが、日本人の精度の高い技術力で勝負できる分野です。

…
手術は成功しましたが…
脳梗塞の弊害が見られます…
あとは本人次第なので…
今日はリハビリのために音楽療法士を連れてきました
音楽療法…士？ホントに効果あるのかね!?
音楽療法は欧米では定着した療法でして…
こんにちは！よろしくお願いします
患者さん昭和28年生まれですね？
羽柴チヨ
その通りだけど…それ聞いてどうするの？
受動的音楽療法というもので…チヨさんの子どもの頃の流行歌をお聞かせするんです

音楽療法は
音楽の持つリラックス効果や
コミュニケーションを
引き出す力を利用して
障害を緩和したり
生活の質の向上を
目指したりします
おんな♪かしましい〜♪3人
音楽による
生理的・心理的作用は
心身に障害を持つ患者に
よい影響を与えると
考えられています
…ん?
ちょっとお袋が…
今まで何の
反応もしなかったのに
歌を口ずさんでいる!
よかった…
効果があったのね…
お袋!
土地の権利書
どこ?!
書類にサインして!
うおおおぉ!!
お金〜
…
男二人のほうがかしましい…

JOB FILE

29

音楽を通じて人を癒やす

音《おん》楽《がく》療《りょう》法《ほう》士《し》

活動場所 高齢者施設、病院、幼児施設、学校など

資格 日本音楽療法学会などの民間団体が認定する音楽療法士資格

団体など 日本音楽療法学会など

参考年収

TOP LEVEL（音楽療法専門の会社設立）	平均（音楽療法士として働く）	BOTTOM LEVEL（音楽療法関連の会社へ入社）
500万円〜	300万〜400万円	200万〜300万円

音楽を使って精神的・身体的な病気を抱える人を回復に導き、サポートする仕事です。もともとアメリカで生まれた療法で、音楽の持つリラックス効果やコミュニケーションを引き出す力を利用して障害を緩和したり、生活の質の向上を目指しています。音楽を聴く、歌う、演奏することによる生理的・心理的作用は、高齢者や発達障害者、薬物依存症患者などによい影響を与えると考えられています。

音楽を聴かせる「受動的音楽療法」、音楽に合わせて体を動かしたり歌ったり演奏をする「能動的音楽療法」を組み合わせて、対象になる人に応じたプログラムを考えます。認知症患者や高齢者などは幼少期の記憶にアプローチすると効果的だというデータもあります。自分が提供したセッションが拒絶されたりすることも多々ありますが、よりベターなプログラムを考え、トライ&エラーを繰り返す精神力の強さも音楽療法士として大切な素養の1つです。

音楽療法士への道

認定された大学や
専門学校で単位を取得、
または臨床経験を積み
講習会を受講

↓

音楽療法士試験を受験し、
合格する

↓

音楽療法士として
活動開始

認定された音楽大学や福祉系大学では音楽療法士養成の授業を設けているので、その単位を取得すれば基本的に音楽療法士になれます（試験あり）。また施設スタッフとして働いたり、そこで音楽療法的な取り組みを行った経験が一定期間以上あれば講習会受講後に資格試験を受けられます。

基本的に音楽療法のプログラムは自分で組み立てるため音楽の知識は必須で、対応する病気や障害の知識や心理学の素養もあれば、内容の濃い良質なプログラムを提供することができます。

音楽療法士のキャリアパス

音楽療法士の認知度がまだまだ低い日本。音楽療法士として専任で働こうと思ってもアルバイトやボランティアスタッフの募集しかないことが多いようです。

実際問題、施設のスタッフや看護師が兼任してセッションを行っていることも多く、そのレベルや内容はまだまだ欧米には追いつきません。音楽療法士が多く所属する会社に勤務したり、さまざまな施設の非常勤として働いたりしながらスキルを磨き、音楽療法士の地位向上を目指して活躍の場を増やしていきましょう。高齢化が進む日本では今後、重要となりうる職種です。

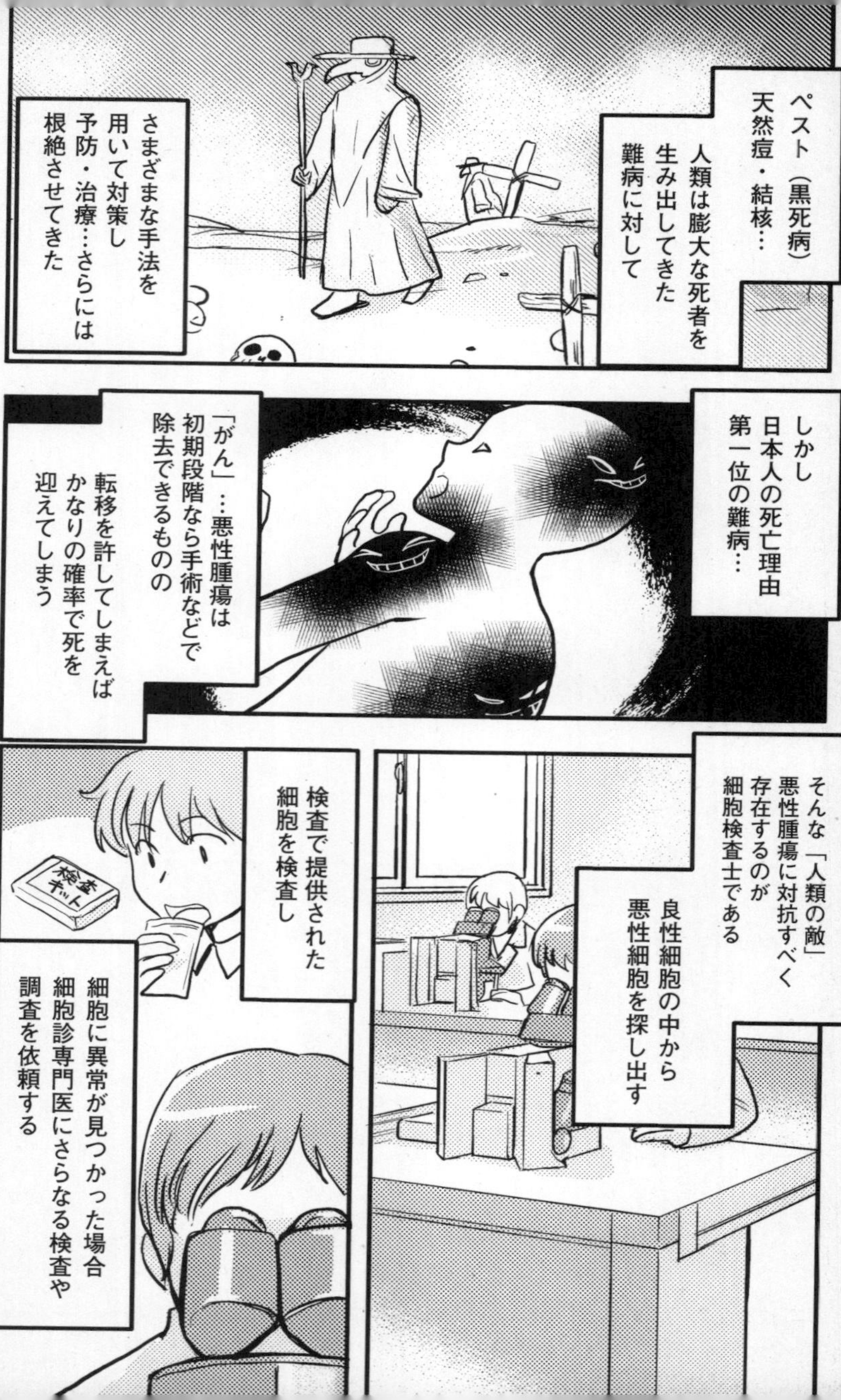
ペスト（黒死病）
天然痘・結核…
人類は膨大な死者を生み出してきた難病に対して
さまざまな手法を用いて対策し予防・治療…さらには根絶させてきた
しかし日本人の死亡理由第一位の難病…
「がん」…悪性腫瘍は初期段階なら手術などで除去できるものの
転移を許してしまえばかなりの確率で死を迎えてしまう
そんな「人類の敵」悪性腫瘍に対抗すべく存在するのが細胞検査士である
良性細胞の中から悪性細胞を探し出す
検査で提供された細胞を検査し
検査キット
細胞に異常が見つかった場合細胞診専門医にさらなる検査や調査を依頼する

えーっと高輪さん
検査の結果 あなた…
「がん」です
なんですって⁉
高輪幸代 初期のがん。
がん⁉
がんってあの…
髪の毛が生えなくなったり
悲劇のヒロインが
若くしておかされて
死ぬ直前に結婚式を
挙げたりする
あの「がん」⁉
おおげさですねー
佳人薄命とは
このことね…!
世界ごめんなさい
私というヒロインが
去ることを許して…!
初期段階で
転移も見られないし
適切な処置をすれば
命に別状は…
まぁ 治療を
受けなければ
死んじゃうけどね…
この世の損失ね。
特効薬のない
がんは早期発見が
命の分水嶺《ぶんすいれい》となる
特効薬を
つくろうとする
製薬会社も
細胞検査士の力を
必要としている
がん発見!
人類が「がん」を
克服するその日まで
細胞検査士は
戦い続ける——

JOB FILE 30

ミクロの視点で悪い細胞をチェックする

細胞検査士《さいぼうけんさし》

活動場所 大学病院、大学研究機関、製薬会社、検査センターなど

資格 細胞検査士資格認定

団体など 日本臨床細胞学会、細胞検査士会

参考年収

TOP LEVEL（ベテラン検査士）	平均	BOTTOM LEVEL（新人検査士）
500万円	380万～470万円	355万円

細胞検査士とは、対象の細胞が良性か悪性かを臨床検査したり、良性細胞の中に悪性細胞がないかを検査する臨床検査技師のことです。具体的には、検査対象の細胞を採取し、その細胞に最適な処理を施したり、細胞検査に必要な染色法などを決定します。検査の結果、細胞に異常が見つかれば細胞診専門医にさらなる検査や調査を依頼します。

近年では、細胞検査業務の多くは機械化され検査データは数値として表示されますが、細胞検査士が行う検査ではヒトの経験値や知識が重要となります。機械による検査とは異なり、間違いがないとは断言できませんが、ベテランの細胞検査士が行う検査精度は非常に高いとされています。

ほかにも、製薬会社や臨床検査薬メーカーの細胞検査士の場合、社内の営業担当や薬剤師に対する研修や、研究会・学術講演会での企画、疾病説明用のパンフレット作成といった仕事も行います。

細胞検査士への道

細胞検査士になるには、細胞検査士資格認定試験に合格しなければいけません。認定試験を受験するためには、臨床検査技師もしくは衛生検査技師の資格が必要です。

認定試験の一次試験では、筆記試験（総論、技術、婦人科、呼吸器、消化器、体腔液・そのほかの各20問、全120問）と細胞画像試験（カラープリントされた細胞画像を見て解答、約60問）が実施されます。二次試験ではスクリーニング試験、同定試験、標本作製実技試験といった実技試験が行われます。

細胞検査士資格認定試験の受験資格取得
（臨床検査技師と衛生検査技師）

↓

細胞検査士資格認定試験、一次試験合格
（筆記試験、細胞画像試験）

↓

細胞検査士資格認定試験、二次試験合格
（スクリーニング試験、同定試験、標本作製実技試験）

細胞検査士のキャリアパス

日本人の死因の一位であるがんは、いまだ特効薬が開発されておらず、早期発見から早期治療につなげることが大切になります。そんな中、細胞検査によるがんの早期発見は重要な役割を担っています。実際、がん検診の需要が増加していることを受けて、細胞検査士の求人は増加傾向にあります。

細胞検査士の活躍の場は国内だけでなく、2年に1回実施されている試験に合格すれば、国際細胞検査士に認定されます。仕事内容としては国内、海外ともに同様ですが、さらなるキャリアアップが目指せます。

はーい
次の方どうぞー
せんせー
助けてぇ！
ぴょん吉が…
ぴょん吉の歯が
悪魔みたいに
なっちゃったー!!
?
あらあら
門歯が伸びて…
歯切りしなきゃ
ダメね！
ウィーン
柔らかいペレット
ばかりじゃなくて
固い牧草も
食べさせてあげてね
そうしたら
自然と歯が
磨り減るから！
スイマセン
獣医師といえば
ペットの病気や怪我を
治すお医者さんという
イメージだが
ハァ
ハァ
ハァ
出産後の不起立…
おそらく低カルシウム症
だと思うんですが…
点滴で
様子を見ましょうか
もし異変が起きたら
連絡ください
わかりました
先生いつも
すまないね…

そういえばハナちゃん出産予定でしたよね？
それが出産遅れててね…
だっ…
先生!! ハナコが倒れ込んじゃったよ
全然出産の気配がないし…もしかしたら子宮捻転かも…
大事になる前に処置しましょう！
ンモォオオォォォ
牛や豚 羊や馬などの家畜の医師や
食品や製薬会社の研究職 国家公務員として海外からの病原をチェックする仕事など多岐にわたる
ただいまぁ… なんとか自然分娩で済んだわ…
おかえり！ご飯できてるよ！
かわいいわねぇ…
獣医師になるには日本に16校しかない獣医学部のある大学に入学し
言葉の通じぬ動物の表情と仕草から症状を読み取る知識を学び…
何よりも…動物への愛情が必要とされる職業なのだ

JOB FILE

31 動物と一緒に飼い主の心もケア

獣医師《じゅういし》

活動場所 動物病院、動物園、農協、製薬・食品会社の研究所、検疫所、自治体、官公庁

資格 獣医師

団体など 日本獣医師会、日本動物病院協会など

参考年収

TOP LEVEL（動物病院の院長）	平均（勤務医・研究所勤務など）	BOTTOM LEVEL（インターン中）
800万～1000万円	600万～800万円	400万～500万円

犬や猫、鳥などのペットや家畜たちの病気のケアをしたり、関係機関で研究をしたり、または日本を海外の病原菌から守ったりと、その活躍の場は広域にわたります。病院や農家などで動物や家畜たちに触れ合い、その病気治療に携わることは、動物好きな人にとっては喜びが大きい仕事。動物たちは言葉が話せない分、表情や仕草から不調の原因を探らなければならず、飼い主とコミュニケーションを取りながら問題解決を行っていきます。近年ではペットの多頭飼育問題や地域猫の取り組みなど、自治体と提携して避妊手術を行うことも増えています。

動物への愛情に加え、きめ細やかな対応を求められる獣医師は女性にも人気が高く、その半数は女性が占めるという珍しい職業です。空前のペットブームを受け、引く手あまたの獣医師ですが、動物や家畜は飼い主からすると家族同然の大切な存在であるがゆえに、その命に関わる責任は重大です。

獣医師への道

獣医師国家試験を受験するには、獣医学部のある大学に入学し6年間の勉強を経て卒業する必要があります。現在獣医学部がある大学は国公立と私立を合わせても16校のみという狭き門の条件に加え、偏差値も最低63以上とハイレベルな学力が必要です。獣医師と聞くと「動物病院の先生」というイメージがありますが、牛や馬などの家畜の医師、食品や製薬会社の研究職、国家公務員として海外から輸入される食品や動物から病原菌や毒物が国内に流出しないかをチェックする仕事など、その活躍の場は広くさまざまです。

6年制の獣医学部に入学し
授業や実習を重ねる

↓

獣医師の国家試験を
受験し合格する

↓

動物病院や
研究機関などに就職

↓

獣医師として独立または
職場でのキャリアアップ

獣医師のキャリアパス

研究機関や自治体、官公庁などに勤めるサラリーマン獣医師の場合、普通の会社のように役職がアップするに従い、お給料も上がります。動物病院を個人で開業する場合は、初期投資が億単位にはなりますが、動物診療は金額を獣医師が自由に決められる自由診療なので、人気の病院になればかなりの高収入が期待できます。

ただし、緊急手術や時間外診療など、そのハードさは普通の医師あるいはそれ以上のものがあります。また近年は動物病院も増え、飼い主たちの獣医師を選別する目も厳しくなっています。

CHAPTER

06

士業・公務系職業

SP…
セキュリティポリス
警察庁警護課に
所属する警察官の
通称である
ザッ
主な任務は
要人を危険から
護ること…
了解！
VIP
Bクリアです！
身長は
173cm以上
176cm
?kg
体重はシークレットです。
173cm↑
くそう
剣道4段
剣道あるいは
柔道の段位
三段以上…
チェストオオ
拳銃射撃は
上級認定される
ほどの技術が
必要である
命中率
90%以上
～20人
200～300人
警視庁の4万人以上の
警察官の中で
SPになれるのは
200～300人程度
その中で
女性SPは
1割に満たない
エリートである
SP
警察
4万人

ダ!
ダ!!
ダ!!
SPとは狭き門をくぐり抜けた警護のスペシャリスト集団であり…
VIPの周辺から危険を察知し排除して…
もしものときには自らを犠牲にしてでもVIPを護る「肉の盾」なのだ
ダ!!!
!
自衛隊出動は慣例がないだぁ!?堤防が決壊する前に避難させるンだよ!!
人命が最優先だバカモン!!
私たちSPが護るVIPは国民の命を握っている…
VIPを護るのは…国民の将来を護ることなんだ!!
ガチャン
対策本部に行くぞ!!
直に指揮せにゃ動きやがらねぇ官僚ども!
ところで未緒チャン彼氏できたぁ?カミさん死んで一人寝は寂しくてよォ
夜も添い寝して俺の警護してくれよぉ未緒チャン!
クリアです…
私はSP…VIPを護るために命を捧ぐのも惜しくはない
たとえセクハラジジイであろうと!!

JOB FILE
32

要人警護のスペシャリスト

SP《えすぴー》（セキュリティポリス）

活動場所	屋外
資格	柔道か剣道3段 拳銃射撃上級など
団体など	警視庁

参考年収

TOP LEVEL（40代）	平均	BOTTOM LEVEL（20代）
810万円	730万円	500万円

ＳＰの主な仕事は総理大臣などの要人を危険から守ることです。警護対象者は法律などの規定によって定められており、基本的に民間人の警護は行いません。また、警護課へ配属されたばかりの頃は、総理大臣官邸の外周を警備する総理大臣官邸警備隊に配属され、出入りする人、車、荷物などのチェックを24時間体制で行います。警視庁で働くＳＰのほかに、民間会社で働くＳＰもいます。一般的にはボディーガードと呼ばれ、経営者や犯罪被害者などさまざまな人を警護。民間ＳＰは一般企業の社員にあたるので、ＳＰになるための特別な条件はありませんが、拳銃などの武器を携帯できません。

拳銃射撃は初級、中級、上級と３つに分かれていますが、その基準は都道府県によって異なります。また、射撃訓練自体、頻繁に行われないため、少ない訓練の中で確実に上級認定される技術を身につけなければなりません。

SP（セキュリティポリス）への道

SPとは警視庁警護課に所属する警察官のことです。警護課への配属試験を受けるためには、身長173㎝以上、柔道または剣道3段以上、拳銃射撃上級、英会話ができるなどの条件を満たしたうえで、所轄長（警察署長、機動隊長など）から警護課員としてふさわしいという推薦を受けなければなりません。

試験では警護課職員による書類審査や面接が行われ、合格後には警護講習があります。SPは希望倍率が高く、講習を受けても、空きがなければ配属されません。

警視庁警察官
採用試験に合格

↓

警護課への
推薦を受ける

↓

警護課配属試験
（書類審査と面接）を受験

↓

警護講習を受講

SP（セキュリティポリス）のキャリアパス

身体的条件はあるものの必ず満たしていなければならないわけではありせん。まずは剣道や柔道などの段位を3段以上にすることを目指します。警察学校を卒業する際に剣道や柔道の初段取得を推奨（実際には必須）としているので、未経験者でも卒業後は2段以降の取得から始まります。

現在、警視庁で働いている警察官は4万人以上いますが、その中でSPになることができるのは200～300人程度。女性SPともなれば、SP全体の1割にも満たしません。

時には死の危険にさらされることもあるSPは、狭き門をくぐり抜けた警護のスペシャリスト集団なのです。

某県某刑務所
午前6時40分
整列!!
点呼ォ!
ほわっ…
おはよー!
みんなちゃんといるわねぇ
パン
パン
体調悪い子もいないみたいでよかったわぁ
今日も元気に刑務作業をやりましょー♡
刑務官は刑務所の管理・運営と受刑者の監督・指導が主な仕事
受刑者を監視し違反者には厳しい罰を与えることが役割だと思われがちだが
刑務作業がんばってるわねー斉くん!
ウス!!
んだあのアマ…
真の役割は受刑者が更生して社会復帰を果たせるように矯正することだ
給与も一般公務員よりも12%ほど高い
官舎に住めて各種手当てやボーナスも充実しているが

バキッ
ゴルァ
あぁんっ

粗暴な受刑者との対峙
刑務官自体の体育会系な気質に慣れず
離職者も多く常に人手不足である

東郷さん…
俺シャバで
やってけるか
不安で…
加えて
受刑者の
精神的ケアも
求められる
私はあなたが刑務作業を
真面目にコツコツやる姿を
見てきたわ
どんなお仕事でも
真面目に取り組む
姿勢を忘れないで
誰かが必ず
その姿を
見ているから…
ピクッ
ビュッ
ピタッ
おいおい
ムショなのに
いい女いる
じゃねぇか
おいネェちゃん
後でマッサージ
してくれよ
エロいやつな!
…あァん?
何か言ったか
クソガキ?
びくんっ
刑務官には受刑者を
受け止める深愛と
厳しく諌める胆力――
2つの要素が
求められるのだ

JOB FILE

33

刑務所の規律を正し、受刑者を監督する

刑務官《けいむかん》

活動場所 刑務所

資格 国家公務員

団体など 特になし

参考年収

TOP LEVEL（看守長）	平均（看守部長）	BOTTOM LEVEL（看守）
750万円	620万円	350万円

刑務所などの管理・運営と受刑者の監督・指導が主な仕事です。刑務官と受刑者という立場の関係上、悪さをしていないか監視し、違反者には厳しい罰を与えることが役割だと思われがちですが、真の役割は受刑者が更生して社会復帰を果たせるようにすることです。日々、受刑者が労働を通して生活改善や社会性が身につけられるよう監督。時には資格や免許を取得するためのサポート、刑務所内や出所後の悩みに関するカウンセリングも行います。

待遇としては、給与が一般公務員よりも12%ほど高い、官舎に住める、各種手当てやボーナスも充実していることから、金銭面や安定性はかなりのもの。その半面、粗暴な受刑者との対峙や、刑務官自体の体育会系な気質に肉体的、精神的に疲弊してしまう人も珍しくありません。このような背景もあり、年々増える受刑者に対して刑務官は不足していることが課題です。

刑務官への道

刑務官は国家公務員であり、採用試験があります。受験できるのは基本的に18～29歳までの男女です。試験は2次試験まであり、高校卒業程度の筆記試験と面接や体力検査などの実技試験からなります。公安的な職種がら、合否の決定前に思想や犯罪歴についての調査も行われます。

通常の採用試験とは別に、『武道拝命』という特殊な採用枠もあります。ここで採用されるのは柔道や剣道で優れた成績を収めた有段者。刑務所内の特別警備隊員として育成されます。

刑務官採用試験に合格する

↓

施設幹部との面接を経て、拝命（採用）施設が決定する

↓

初等科研修（初等科集合研修＋自庁研修）を修了する

↓

刑務官としての勤務が始まる

刑務官のキャリアパス

刑務官の採用試験合格後は研修所専任のベテラン教官や大学教授などによる初等科研修が行われ、この研修を修了して初めて看守の階級に任命されます。

主任看守に任命されるためには、勤続年数を重ねつつ、優秀な勤務成績を残して上官からの推薦が必要です。さらに上の階級を目指すためには、上官からの推薦のほかに、中等科研修や高等科研修を修了しなければなりません。

順調にいけば、採用されてから看守長に昇進するまで約14年。そこから競争試験に受かることができれば刑務所長などの上級幹部に昇任する道も開かれています。

…公海
…EEZ(排他的経済水域)
日本の領土面積は約38万㎢で世界第60位に位置するが
海に囲まれているため領海およびEEZの総面積は世界6位となる
日本は世界有数の豊かな海底資源に恵まれているのだ
そしてその海底資源を不当に狙う悪党も後を絶たない――
ザパーン
ケケ宝石サンゴザックリ取れたなぁ
海の底さらうだけで億単位のカネが手に入るんだやめられねぇって
ウーー
やべっこの独特なサイレンは…
ザザァ
海上保安庁です密漁の容疑船接舷を求めます
国籍はC国！珊瑚を積載！密漁船だ！
止まりなさい！止まりなさい！
やべぇ逃げろ!!
海上保安官は日本近海の平和を護るべく組織された「海の警察」――
海難救助や密輸の取締そして密猟者の拿捕《だほ》を執行する
海上保安庁の巡視船は逃げる容疑船に並走し停船を呼びかける
ウーー

ザァァア…
ザァァァア
さらに催涙弾・ゴム弾・警告弾を撃ち込みそれでも停船しない場合――
パスッ
パスッ
強行接舷だ!!乗り込めぇ!!
らちが明かん!舳先にぶち当てろ
船体を容疑船に当てて接舷し直接容疑者を制圧する
動くな!エンジンを止めて手を上げろ!!
わっ わかった観念する乱暴するな!
貴様らが軽い気持ちで壊したサンゴ礁は百年戻らねぇ!!
外国人漁業規制法の現行犯で逮捕する
3年以下の懲役か3000万円以下の罰金だ!覚悟しとけ!!
ザァ
日本の海の治安を護るため海上保安官は海原を行く――
ザァ…
海上保安庁

JOB FILE
34

海の治安と安全を堅守

海上《かいじょう》保《ほ》安官《あんかん》

活動場所 海上保安庁や全国の管区本部、巡視船、航空基地など

資格 特になし

団体など 特になし

参考年収

TOP LEVEL（昇任）	平均	BOTTOM LEVEL（海上保安大学校か海上保安学校に入学）
800万円～	500万～700万円	170万円～

海上保安官は海上保安庁に所属する国家公務員。「海の警察官」とも呼ばれ、巡視船や航空機に乗り、日本の海の治安と安全を守ります。よく海上自衛隊と混同されがちですが、実は両者はまったく違うもの。海上保安庁は日本領海内での犯罪や事故から海を守るのが仕事です。その業務内容は大きく3つに分けられます。1つ目は密輸や密航、不正操業の取締りや海難救助を行う「警備救難業務」。2つ目は、海洋観測や天文観測など海に関する情報を調べる「海洋情報業務」。そして3つ目が、海上交通の管理をする「海上交通業務」です。

海上保安庁では日本の水域を11の管区に分けており、転勤もあるためずっと同じ管区で仕事ができるわけではありません。職務によっては交代制で土日祝の出勤もあり、巡視船で長期間の海上勤務を行う場合も。また海上保安官の中には、潜水士や特殊救難隊員といった特別な職務もあります。

海上保安官への道

海上保安官になるには、原則として、海上保安大学校か海上保安学校を卒業しなければなりません。海上保安大学校は4年制で、その後6カ月間の専攻科、3カ月間の研修へと進みます。

一方、海上保安学校は課程ごとに1～2年。上のポストを目指すなら、幹部候補の養成を行う海上保安大学校に入学しましょう。

なお、倍率は海上保安大学校が8～10倍、海上保安学校は4～15倍ほどです。それぞれ受験の年齢制限があるため注意が必要です。

海上保安大学校
または海上保安学校を卒業

↓

海上保安官として
海上保安庁に入庁

↓

海上勤務と陸上勤務を
交互に行う

海上保安官のキャリアパス

海上保安大学校または海上保安学校に入学すると、その時点で国家公務員として扱われるため、在学中から所定の給与が支給されます。海上保安庁に入庁後は、国家公務員の給与に関する法律等の定めに従って支給されますが、職務や条件によっても手当が異なり、海上勤務の場合は特別手当もあるようです。海上保安官は警察官と同じように、階級が決まっています。海上勤務と陸上勤務を交互に行いながら経験を積み、階級が上がれば、その分収入も増えていきます。また、潜水士や国際捜査官といったスペシャリストとしての道も開かれています。

南極大陸——
平均気温が
氷点下の
氷と雪の世界
ヒョオォォオ
バクテリアすら生きられず
腐敗が起きないため
古代の風景が
残る氷の棺——
南極特有の
天文・気象・生物を
観測するために
訪れる者たちがいる
南極観測隊
である
観測隊は
夏隊40名と
越冬隊20名の
全60名で構成され
昭和基地
SYOWA STATION
越冬隊は
2月から一年間
観測を行う
死と氷の世界を——
うひょおおお
センパイセンパイ
ペンギンっス!
ペンギンが
昭和基地に入って
きましたよぉ
ヒョコ
ヒョコ

基地の近くにコウテイペンギンの営巣地があるからな時々迷い込んでくるんだよ
?
今から釣りに行ってくるから返してくるよ
じ〜〜〜
おペン公釣れても食うなよー
みんなお疲れ！今日はペンギンが迷い込んできたそうだな！
珍客にあやかって今日のメニューは
黒と白のコントラスト！ブラックカレーライスだ
めーいっ
基地内バー
いやー生ペンギンかわいかったス
写真アホほど撮ったんでいい土産になりますわー！
現在 昭和基地での生活は限りなく日常生活に近づけるよう工夫されている
それは冬季…ブリザードで何十日も閉じ込められてしまうこの地で
生きていくためのたゆまぬ努力なのだ
ヒュオォオ

JOB FILE

35 極寒の地で国家事業に従事する研究者

南極観測隊員《なんきょくかんそくたいいん》

活動場所 南極大陸

資格 特になし

団体など 国立極地研究所

参考年収

TOP LEVEL（40代）	平均	BOTTOM LEVEL（20代）
920万円	600万円	420万円

南極観測隊員は観測系隊員と設営系隊員に分かれています。観測系隊員にはオーロラやペンギン、氷などの観測を行う大学や企業の研究者と、気象や海洋観測の観測を行う気象庁や海上保安庁、国土地理院から参加した専門家がいます。一方、設営系隊員は基地生活を維持する仕事を担当するため、パイロットや大工、コンピュータ技術者、調理師などさまざまな職種の人たちが参加しています。

南極に行くため、砕氷船「しらせ」に搭乗するのは夏隊40名と越冬隊20名の全60名。東京の晴海埠頭を出港し、途中でオーストラリアのフリーマントル港に寄港して南極に向かいます。夏隊と越冬隊の違いは滞在期間。夏隊は12月から2月の間で設営や観測を行い、2月の中旬には日本に帰国します。一方、越冬隊は夏隊がいる間に協力して越冬の準備を整えつつ、前年の越冬隊から作業を引き継ぎます。そして翌年の2月まで1年間観測を行います。

南極観測隊員への道

南極観測隊になるためには、毎年行われている募集に応募して合格しなければなりません。公募は出発する前年の秋頃から始まります。観測系と設営系を観測している各省庁や研究所の代表者から推薦される公募のほか、一般公募があるので募集要項を満たせばすべての人が観測隊員になることができます。

また、選考に通過した段階では隊員「候補者」であり、正式採用されるためには身体検査を受診しなければなりません。心身が健康であることも重要な条件です。

南極地域観測隊員
候補者の
募集に応募

↓

一次、二次選考を通過

↓

身体検査受診、判定

↓

南極地域観測統合
推進本部への
推薦を経て隊員となる

南極観測隊員のキャリアパス

観測系観測隊を目指す場合、募集要項の条件にもあるように、研究所などの上長から推薦を受ける必要があるので、まずは専門の研究所や企業に所属して研究することから始めます。特に国立極地研究所は南極観測隊を送り出している母体機関なので、入所することができれば、ほかの研究所に所属している人よりも観測隊として南極に行くことができる確率も上がります。

南極での観測が終了した後は、持ち帰ったデータを基に研究や分析を進め、論文を執筆。これまでになかった新しい発見や技術の応用方法を発表できれば、研究者としての道が開けていきます。

さて 今日の お天気情報です！
アメダスや気象衛星 気象レーダーなど データを分析して 天気を予測します
昨日は はっきりしない 曇り空でしたが…
今日は一日 雨の心配はありません 絶好の洗濯日和です！
今年は晴れの日が 続いたので野菜が 豊作なんですね！
お出かけの際 熱中症には十分 お気をつけください
リゾート地などは 天候によって訪れる 観光客の数が変わります
そのような場所へ 情報を提供することも 仕事の1つ
今週の お天気模様です
交通機関の最適航路の 予測なども行います

お天気コーナーを担当している場合は
札幌
大阪
仙台
視聴者に天気をわかりやすく伝えるための原稿を自分でつくることも
専門用語は避けて簡潔に…ってなんかそっけないような…
むずかしい…
カタカタカタカタ
災害が予測されるようなときは避難の目安なども伝えなくてはなりません
間違った情報を伝えてしまったら被害が出てしまう…
十分に気をつけないと
もう一度チェックしよう
早朝の勤務など大変な一面も
ぎゃっ寝坊したっ!
テレビ局に遅れる!!
ピピピピ
ただ気象予報士として人気が出れば
講演や本の出版など活躍の場を広げていくこともできるでしょう

JOB FILE

36

刻々と変わる天候を予測

気《き》象《しょう》予《よ》報《ほう》士《し》

活動場所　民間気象会社、テレビやラジオなどの放送局、気象庁など

資格　気象予報士

団体など　日本気象予報士会

参考年収

TOP LEVEL（独立）	平均（30代）	BOTTOM LEVEL（20代）
800万円〜	550万円〜	400万円〜

アメダスや気象衛星、気象レーダーなど、気象に関するさまざまなデータを分析して天候を予測します。日常生活をはじめ、たとえば農業や漁業は天候に大きく左右されますし、リゾート地などは訪れる観光客の数が変わります。そのような場所へ情報を提供することも仕事の1つ。天気予報の作成のほか、交通機関の最適航路の予測なども行います。

テレビなどでお天気コーナーを担当している場合は、視聴者に天気をわかりやすく伝えるための原稿を自分でつくることも。ただ、お天気キャスターは気象予報士の資格を持っていない人もいるため、その場合は気象予報士が気象データを分析し、裏方としてサポートします。また、日々の天気予報だけでなく、台風や大雪といった災害が予測されるようなときは、避難の目安なども伝えなくてはなりません。誤報があると怪我人が出る可能性もあるため、とても責任の大きな仕事です。

気象予報士への道

気象予報士になるには、国家資格である気象予報士の資格が必要です。受験には学歴や年齢などの制限はありませんが、難関資格として知られ、合格率は約5%という狭き門。独学での勉強も可能ですが、大学で地球科学などを学ぶ人や、専門学校や通信講座を利用する人も多いようです。

なお、テレビなどに出演するお天気キャスターは気象予報士の資格がなくてもできますが、その後のキャリアアップを考えるのであればやはり資格を取得しておいた方がよいでしょう。

気象予報士資格試験に合格

↓

民間気象会社に入社

↓

テレビ局にお天気キャスターとして派遣

↓

フリーとして独立

気象予報士のキャリアパス

気象予報士として働くには、年2回実施される資格試験に合格する必要があります。就職先は民間企業や気象庁、テレビ局などになります。民間企業の場合は気象会社以外にも、シンクタンクや農産物を扱う商社などがありますが、気象予報士の採用枠が設けられている会社はごく一部。難関資格に合格したからといって就職先が保証されているわけではないので、語学力などプラスアルファのスキルも必要になってくるかもしれません。また、花形といわれるテレビ局の気象予報士も、早朝の勤務など大変な一面もあります。

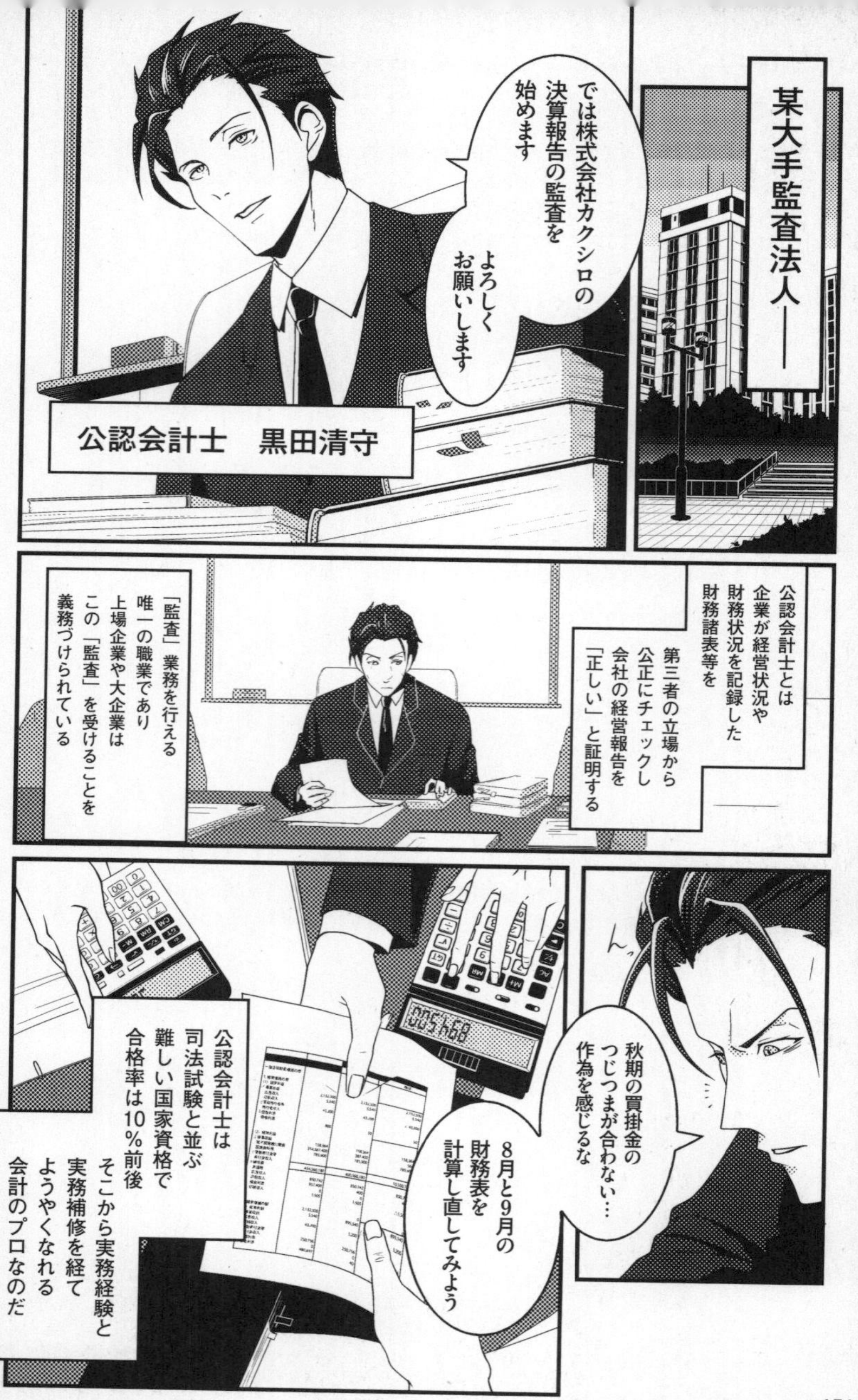
某大手監査法人――
では株式会社カクシロの決算報告の監査を始めます
よろしくお願いします
公認会計士　黒田清守
公認会計士とは企業が経営状況や財務状況を記録した財務諸表等を
第三者の立場から公正にチェックし会社の経営報告を「正しい」と証明する
「監査」業務を行える唯一の職業であり上場企業や大企業はこの「監査」を受けることを義務づけられている
んっ
秋期の買掛金のつじつまが合わない…作為を感じるな
8月と9月の財務表を計算し直してみよう
公認会計士は司法試験と並ぶ難しい国家資格で合格率は10％前後
そこから実務経験と実務補修を経てようやくなれる会計のプロなのだ

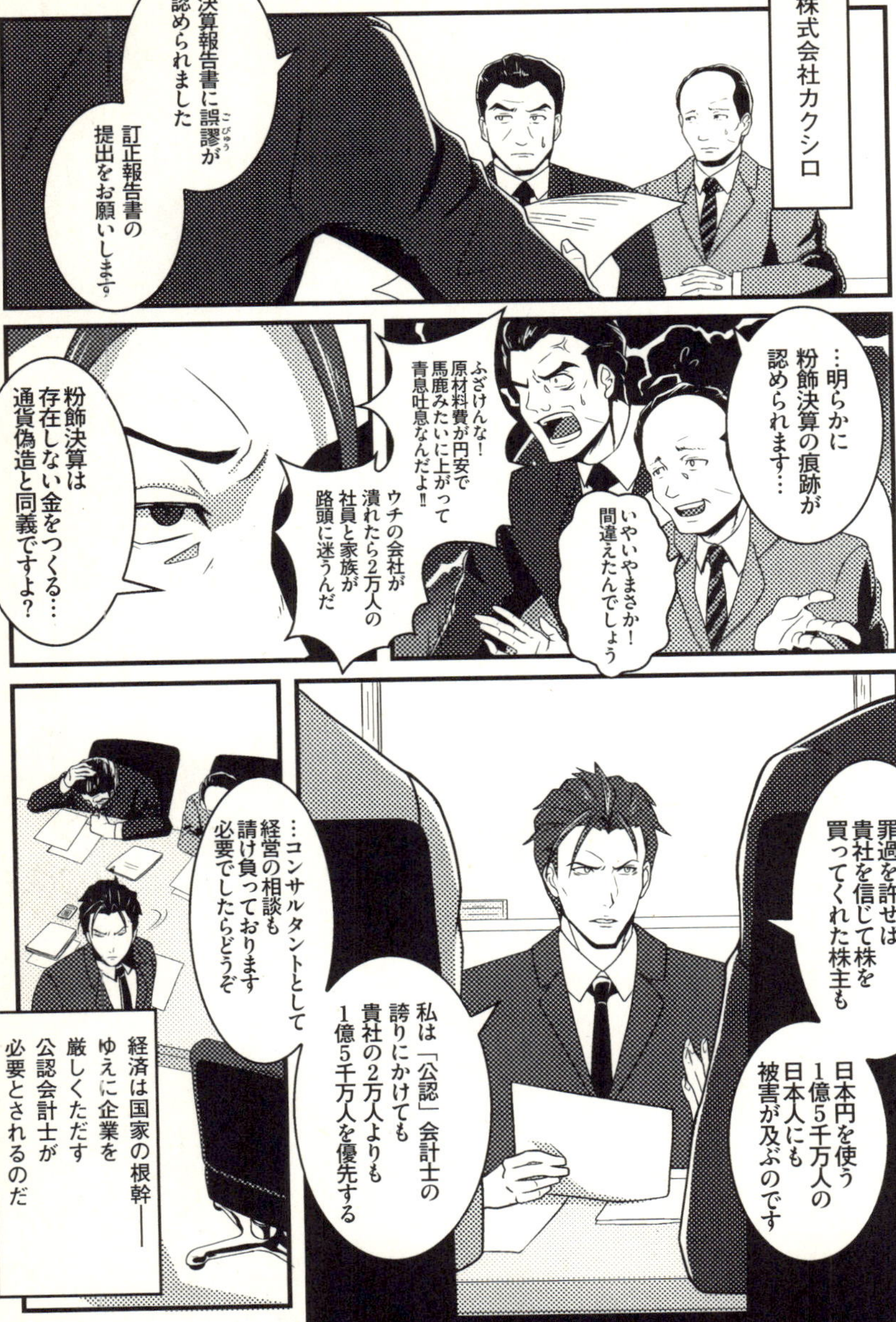

株式会社カクシロ
決算報告書に誤謬《ごびゅう》が認められました
訂正報告書の提出をお願いします
…明らかに粉飾決算の痕跡が認められます…
いやいやまさか！間違えたんでしょう
ふざけんな！原材料費が円安で馬鹿みたいに上がって青息吐息なんだよ‼
ウチの会社が潰れたら2万人の社員と家族が路頭に迷うんだ
粉飾決算は存在しない金をつくる…通貨偽造と同義ですよ？
粉飾決算のような罪過を許せば貴社を信じて株を買ってくれた株主も
日本円を使う1億5千万人の日本人にも被害が及ぶのです
私は「公認」会計士の誇りにかけても貴社の2万人よりも1億5千万人を優先する
…コンサルタントとして経営の相談も請け負っております必要でしたらどうぞ
経済は国家の根幹――ゆえに企業を厳しくただす公認会計士が必要とされるのだ

JOB FILE

37

企業活動を公正にジャッジ

公認会計士《こうにんかいけいし》

活動場所 監査法人、コンサルタント会社など

資格 公認会計士

団体など 日本公認会計士協会

参考年収

TOP LEVEL（開業）	平均（監査法人でキャリアアップ、またはコンサルタント会社に転職）	BOTTOM LEVEL（監査法人に入社）
2000万円〜	600万〜1200万円	500万〜600万円

企業は経営状況や財務状況を記録し、財務諸表というものを作成します。この財務諸表や、計算書類などの財務書類を、第三者的な立場から公正にチェックし、証明することを「監査」といいます。監査業務は公認会計士にしかできない仕事であり、上場企業や大企業は、公認会計士による監査を受けることが法律によって義務づけられています。

公認会計士は、監査業務のほか会計指導業務なども行います。さらに、企業からの相談に応じて経営全般にわたるアドバイスを行うなど、コンサルタントとしての役割を果たすことも。複数のクライアントを担当するため、コミュニケーション能力も求められます。監査法人やコンサルティング会社で働くほか、企業の経理部や財務部、経営企画室などで活躍する道もあります。また、登録手続きを行えば税理士の仕事をすることもできるため、税理士法人で税理士として働く公認会計士も多いようです。

公認会計士への道

公認会計士は司法試験と並ぶくらい難関といわれる国家資格で、合格率は10％前後。試験突破のためには3000～5000時間の勉強が必要とされており、早めの準備と計画が必要になるでしょう。

試験合格後は監査法人などに勤め、2年以上の実務経験を積みます。また、週に数回平日の夜などに実務補習所に通い、必要単位を取得して修了します。

この実務経験と実務補習を経て、ようやく公認会計士として登録できるようになります。

公認会計士試験に合格

↓

監査法人などに勤務
（2年以上）
実務補習を修了

↓

公認会計士として登録

↓

コンサルタント会社に転職

↓

独立して開業

公認会計士のキャリアパス

公認会計士は社会的なステータスも高く、30代で年収1000万円も可能な仕事。大手監査法人の場合は、入社後、スタッフ→シニアスタッフ→マネージャー→シニアマネージャーと昇格し、パートナーという最高ランクになると年収は数千万円ともいわれます。また、コンサルタント業界や金融業界で働く場合の収入は、一般的には監査法人よりも高めのようです。そのため、監査法人で数年間実績を積んだあとに、コンサルタント会社などに転職を考えるケースも。さらに将来的に開業を考えるなら、独立前にいかに人脈を築いておけるかが大きなカギになるでしょう。

異議あり!!
検察官の尋問は誘導尋問です！
難航した捜査に早く決着をつけたいからと被告人を冤罪に陥れるのは許さん!!
自由と正義の向日葵公平と平等の天秤が刻まれた弁護士バッジをつけている限り…
私は目の前の不正を許さない!!
弁護士といえば刑事事件で検察官と丁々発止…というイメージが強いが…
PRRRRR…
あのう…CMで過払い金請求?というのができると聞いて…!
はい！すぐ相談日程を決めさせていただきますね！
伊達さんあんたんとこで刑事事件担当して欲し…
刑事ですか ウチは条例違反などの迅速に終わりそうな案件しか引き受けません

刑事事件は
サクッと終わる
事件しか受けず
確実に勝てる
民事訴訟ばっかり
受ければ
大儲けだ！
アッハッハッハ
弁護士が請け負う
事件の割合は
さまざまだが
弁護士の中には
「利益最優先」の
弁護士事務所も
存在する
PRRR
死ぬ思いと
多額の授業料で
司法試験
受かったんだ…
大儲けしないと
割に合わないっ
つーの…！
伊達所長
お電話が…
少年事件の
件で…
くるっ
ああ…それは
俺がやる
こっちに回して
お電話
変わりました
伊達です
はい…はい……
資料は用意
しましたので…
一人でも多くの子ども
たちの笑顔を守るため
弁護士になったこと…
私たちは知ってますよ
自由と正義の向日葵
公平と平等の天秤に
見合うために
弁護士たちは走り続ける

JOB FILE

38

人々を守る法のスペシャリスト

弁護士《べんごし》

活動場所 法律事務所、裁判所、警察署など

資格 弁護士

団体など 日本弁護士連合会、各地の弁護士会

参考年収

TOP LEVEL（開業）	平均	BOTTOM LEVEL（法律事務所に勤務）
1400万～1億円	700万～1000万円	300万～600万円

弁護士は、高度な法律の知識を持ち、人々の権利や利益を守る法律のスペシャリストであり、さまざまな依頼を受けて問題解決に向けた話し合いや法的手続きを行います。民事訴訟では離婚調停やご近所トラブル、借金トラブルなどの個人間の争議を扱い、刑事訴訟では被疑者・被告人を弁護して検察官と激しく主張を繰り広げることも。また、特許トラブルや企業買収などの案件を担当することもあります。

弁護士資格は最難関の国家資格といわれ、司法試験に合格するだけでも大変な努力が必要となります。弁護士資格をとった後は、法律事務所に勤務するのが一般的です。また、既存の法律事務所の一部を借りて営業する弁護士を「軒弁」、法律事務所で勉強しながら働く居候弁護士を「イソ弁」、法律事務所の経営者でもある弁護士を「ボス弁」と呼んだりします。働きながら経験を積み、独立開業を目指すケースも多いようです。

弁護士への道

弁護士の資格を得るには司法試験に合格しなければなりません。

司法試験を受けるためには法科大学院（ロースクール）を修了するか、司法試験予備試験に合格する必要があります。現在、一般的なのは法科大学院への進学で、大学卒業後、2年または3年通い、法律の理論や実務を学びます。

そして司法試験に合格したあとは1年間の司法修習があります。司法修習を経て、最終試験に合格すると、ようやく弁護士として働けるようになります。

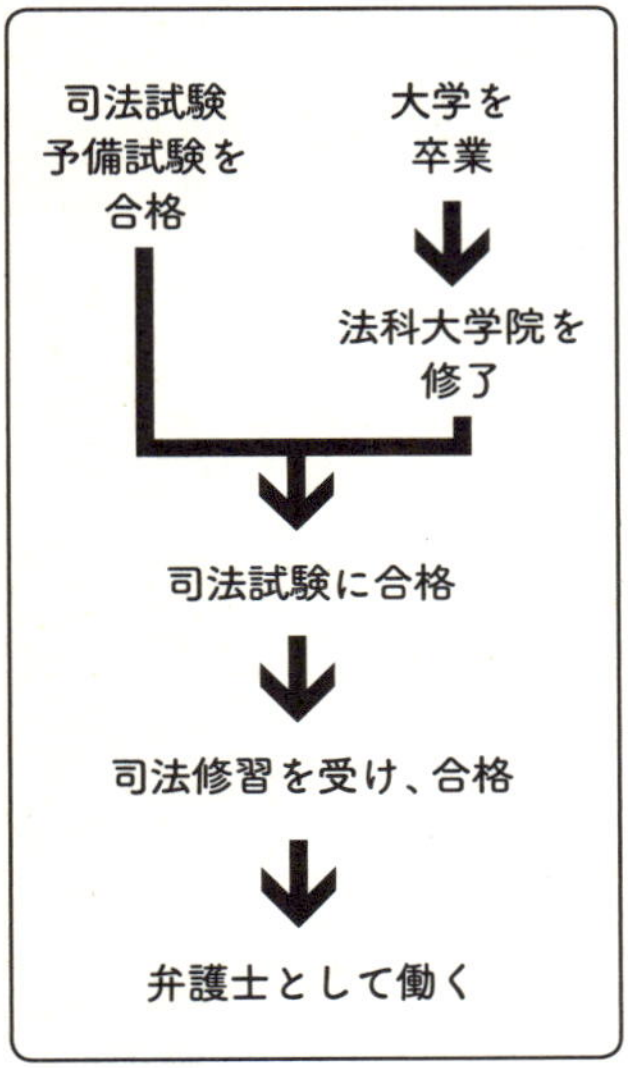

弁護士のキャリアパス

弁護士は、勤務する法律事務所が大規模なほど年収が高いといわれています。中でも、企業の買収など経済活動にかかわる弁護士の収入が高めのようです。大手法律事務所では、まず雇われのヒラ弁護士である「アソシエイト」からスタート。実績を重ねていけば、共同経営者としての地位を持つ「パートナー」へのステップアップも可能です。

独立開業を目指す場合は、どれだけ顧客を持ち、いかに弁護士としての経験を積むことができるかがポイントです。法律事務所などで経験を積みながら、自分の得意分野を確立していくことも大切になります。

インタビュー02

人との縁が、現在の仕事を支える

弁護士
佐藤大和
（レイ法律事務所）
http://rei-law.com/

ひと口に弁護士といっても、得意とする相談内容や業種によって、その仕事はだいぶ異なります。ここでは、メディアでの露出も多い“芸能系弁護士”としての側面を持つ佐藤大和氏に、弁護士になった経緯とその仕事について話をうかがいました。

〝落ちこぼれヤンキー〟から目指すは弁護士

「僕は勉強もできませんでしたし、高校生の頃は弁護士になるなんて考えたこともありませんでした」と佐藤大和弁護士は振り返る。

当時の自分を〝偏差値30の落ちこぼれ中途半端ヤンキー〟と評する佐藤弁護士は、二浪して三重大学人文学部に入学。進路を決めかねているときに、まず頭に浮かんだのは、大学時代に行っていたボランティア活動、そして塾講師のアルバイトで出会う子どもたちだった。彼らを通して「人と人のつながりを大切にしたい」という思いだけがあり、そのとき好きだった民法の授業の先生から「君は法律の素養がある。弁護士を目指すのもいいのでは？」と言われて決心した。

「弁護士は、人と人のつながりを守る仕事ですし、ちょうど新司法試験に変わる転換期でもあったので、チャレンジしたいと考えたのです」

それから勉強法を改善しながら猛勉強して、数カ月という短期間の独学で当時難関だった立命館法科大学院既修試験（2年コース）に見事合格。２００９年大学院卒業後、同年の司法試験にも1回で合格し、弁護士としてのキャリアをスタートさせた。

芸能系の仕事をブランディングに活かす

弁護士資格を得ると、法律事務所に入るのが一般的だが、その形態はさまざまだ。サラリーマンのように給料制のところもあれば、個人事業主の集まりの事務所もあり、また固定と歩合の報酬を併用している事務所もある。佐藤弁護士の場合は、給料制の大手事務所に2年半在籍してから独立し、現在の事務所を立ち上げた。

「弁護士は、パソコン1台あれば独立できます。でも、最初の年は地獄でしたね。なかなか売上も安定せず……」

でもその地獄を経て、ほかの弁護士が手がけていない分野や集客の方法が見えてきたという。芸能系の仕事もその1つで、今ではフジテレビ『バイキング』のコメンテーターや人気ドラマの法律監修なども多数手がけている。佐藤弁護士が事務所のブランディングをすることで好循環を引き起こし、現在では弁護士と事務員を合わせて16人を抱えるまでの事務所に拡大した。

「でも、元をただせばどれも人とのご縁なのです。独立して最初に呼ばれたテレビの深夜番組で、そのときのメイクさんがドラマの法律監修に推薦してくれたり、花見で知り合った編集の方が書籍の執筆を依頼してくれたり……」と語る佐藤弁護士。「人と人のつながりを大切にしたい」という最初の志が、そのまま現在の仕事を支えているようだ。

佐藤弁護士の1日のスケジュール

5時	起床、メール対応、書面の起案、ドラマ監修、取材対応準備　etc
13時	裁判、会議・打ち合わせ、法律相談（芸能）、取材対応、番組収録　etc
18時	会合・接待、法律相談、会議・打ち合わせ　etc
21時	帰宅、執筆活動、読書・勉強　etc
23時	就寝

CHAPTER

07

建設・乗り物系職業

「あの」震災が起きたとき建物が水に流されていく様を
俺は忘れることができない
いてもたってもいられずボランティアに参加した俺は
荒野の中にそびえ立つ建造物に目を奪われた
この博物館は地震と津波にも耐えたんだ
中に居た客や従業員も上階に逃げて助かってね
土方《ひじかた》って一級建築士が建てたらしいよ
…あんな災害にさらされても耐える建物を人がつくった…
人の命を護るための建築──俺にもつくれるだろうか
「一級建築士」になりたい──俺はその夢を抱き被災地から帰ってきた

一級建築士になるべく俺は建築科のある大学に入学した
建築の実務経験を積まなければ前段階の二級建築士の試験さえ受けられない
つまるところまず建築業界に就職しなければならないのだ
そして就活――
…まず門をたたくなら
土方一級建築士事務所
ここしかないよな…
キィ…
へぇ…俺の建築を見てね…
平面製図はまぁまぁ…3DCGが好きなのか大卒にしちゃ見栄えがいいな

まっ…俺様のセンスにゃほど遠いけどな!!
いいぜ坊主! 下っ端で雇ってやるよ
バサッ
「あの建造物」を手がけた土方設計事務所に俺は運よく雇われて建築士としてのキャリアを歩み始めた
一級建築士 土方誠
県庁振興課
実は今回 県ぐるみで巨大なボールパークをつくることになりまして
野球・サッカーなどプロスポーツも呼べるような球場を
予算はだいたいこれぐらいで…可能でしょうか?
なるほど! まずは予算は考えずに要望を仰ってくださいな!
あの…芝は人工芝でいいんですが怪我しないようなフカフカのを…
メジャー式で開放的で… もちろん耐震対策もお願いします!!
あ! トイレは広くきれいな… 女子ウケもよく
隣接して商業施設も予定していて…
こ…この予算で本当につくれるのか!?

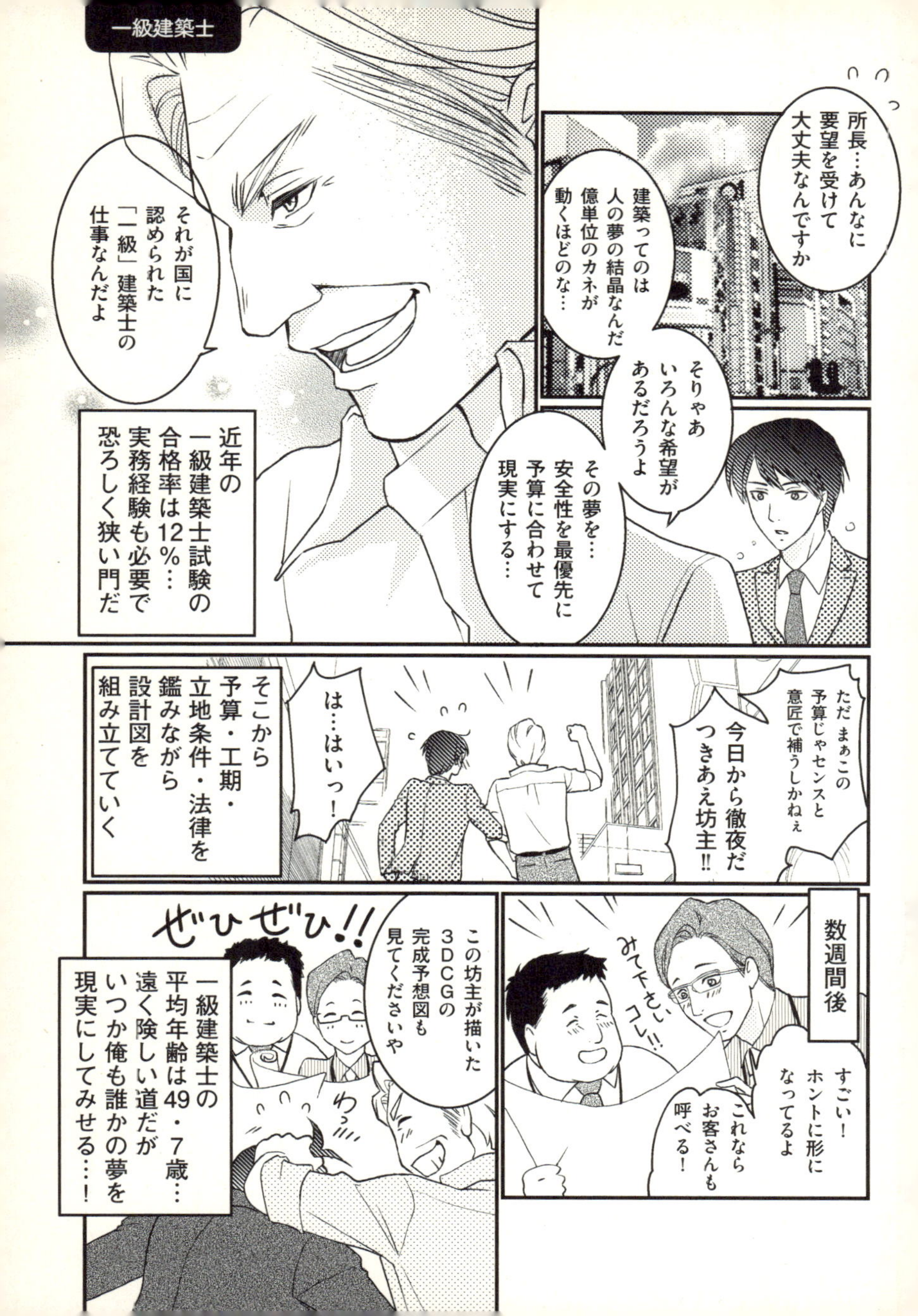

一級建築士
所長…あんなに要望を受けて大丈夫なんですか
建築ってのは人の夢の結晶なんだ
億単位のカネが動くほどのな…
そりゃあいろんな希望があるだろうよ
その夢を…安全性を最優先に予算に合わせて現実にする…
それが国に認められた「一級」建築士の仕事なんだよ
近年の一級建築士試験の合格率は12％…実務経験も必要で恐ろしく狭い門だ
ただまぁこの予算じゃセンスと意匠で補うしかねぇ
今日から徹夜だつきあえ坊主!!
は…はいっ！
そこから予算・工期・立地条件・法律を鑑みながら設計図を組み立てていく
数週間後
みて下さいコレ!!
すごい！ホントに形になってるよ
これならお客さんも呼べる！
この坊主が描いた3DCGの完成予想図も見てくださいや
ぜひぜひ!!
わっ!!
一級建築士の平均年齢は49・7歳…遠く険しい道だがいつか俺も誰かの夢を現実にしてみせる…！

JOB FILE

39

夢と希望を建物に託して

一級建築士《いっきゅうけんちくし》

活動場所 設計事務所、工務店、建設会社、住宅やビルの建築現場

資格 一級建築士

団体など 建築技術教育普及センター、日本建築士会連合会、日本建築家協会など

参考年収

TOP LEVEL（設計事務所を開設）	平均	BOTTOM LEVEL（建築事務所勤務）
700万円～	400万～700万円	300万～500万円

一般住宅やビル、公共施設までさまざまな建築物の企画・設計・工事監理を行います。依頼主の希望や意図を汲み取ってデザインに組み込み、設計図に落とし込んで、実際の建設現場で指揮や監督をします。設計の際は、その用途や規模、設備、予算、工期、立地条件、法律について細かくリサーチし、安全性や耐震へも配慮が必要です。工事中も大工や左官などの仕事を監督しながら修正を加えたり、設計の手直しをすることもあり、電気や空調などの設備に関する知識も必須。二級建築士では延床面積が５００㎡以下という制限がありますが、一級では制限なく基本どんな建物でも手がけられます。

近年では、住みやすい家づくりのために女性の生活感覚を重視する傾向があり、女性建築士への期待が高まりつつあります。育児や介護向け住宅など、付加価値のある住宅設計のニーズも多く、デザインと機能性を兼ね備えた設計が求められています。

一級建築士への道

大学の建築学科や高専の土木科で建築を学ぶ

↓

設計事務所などに就職

↓

実務経験1年後に二級建築士の資格を取得

↓

実務経験4年以後に一級建築士の資格を取得

（大学卒2年、短大卒3～4年、高専卒4年の実務経験後に二級を飛ばして一級建築士の受験も可）

大学などで建築を学び、設計事務所で実務経験を積みながら二級→一級と資格を取得するのが一般的。ただし建築関係の学校を出ていなくても、実務経験を11年積めば試験は誰でも受験できます。

ただ近年の一級建築士合格率は12%となかなかの難易度。受験資格を取得するまでの長い道のりはもちろん（一級建築士の平均年齢は49・7歳！）、キャリアの一歩目である設計事務所への就職も、光るセンスやアイデアを持ち合わせていないと採用されることは難しいといわれます。

一級建築士のキャリアパス

勤め先によって、個人住宅が中心になったり、大型商業施設を手がけたりとその仕事内容にも特色があるため、目指す方向が決まれば勤め先を変えることも視野に入れましょう。

一級建築士はその資格取得が難しいことから、業界内では引く手あまたでキャリア採用も多いようです。女性でも資格があれば結婚・出産後の職場復帰もしやすい傾向があり、時短勤務やワークシェアなど自分のペースで仕事を続けられるチャンスもあります。

手がけた建築物が評判になれば、独立して個人設計事務所を開設することも夢ではありません。

僕は石塊《いしくれ》に恋をした
筋肉と脂肪の躍動感…柔らかそうな肉叢…なのに触ると硬い…
さわ…さわ…
はかない女性の美を石に削り出し封じ込める…魔術の域だ…!
ざわ…
抱きっ
ざわ…
ちょちょっと作品に手を…抱きつかないでください!
ウェヌス
相良匠二
親方!僕を弟子にしてください!!
相良石材工業所
あの石像は趣味みたいなもんでうちは石材工業だ
墓石や石仏ばっかで…キミのやりたいことばかりじゃないぞ?
どうぞー
かまいません!親方の魔術のごとき石の加工技術を学びたいんです!
うーん…
ウチも後進を育てるかな…見習いは給料安いけどいいかい?
もちろんです親方!よろしくお願いします
石工も採石場に行って石を切り出す「採石」お城の石垣などでみられる「石積み」
ノミや機械を使って石を削る「石加工」などさまざまな種類があり…
ノミだけを使って手で石仏や灯篭などを彫る昔ながらの加工技術も細々と継承されている

あっ！やべっ…
パキッ
強くやりすぎだな
層ごと剝がれちまったのさ
同じ種類の石でも個性があるんだよ
スイマセン…
産地や生成物の違いで硬度や吸水率が変わってくる…
だから石一つひとつ個性に合わせてノミを振るうんだ
さす…
さす…
繊細に削り…時には強引に層ごと剝がす…
女を口説くのと一緒だよ石を女だと思って相対してみな
カッ
カッ
カッ
可能性は無限大…！石の世界は石の数だけ広がっている…！
ところで親方あの石像にモデルとかいらっしゃるんですか？
ん？ありゃあ20年前のカミさんだよ
ははは
ギュ
昔はソソる体だったんだが今じゃブクブク太っちまってよぉ
熟練の石工職人は各分野でひっぱりだこ！アナタも石の世界に飛び込んでみては⁉

JOB FILE

40

一流になれば世界遺産の修復も！

石工《いしく》

活動場所 寺、墓地、庭園、石切場

資格 石材施工技能士

団体など 特になし

参考年収

TOP LEVEL（独立後）	平均（一人前の職人）	BOTTOM LEVEL（修業中）
500万～1000万円	300万円	200万円以下

石の採掘や加工など、「石」に関する幅広い仕事をする石工。採石や石の切り出し、研磨、加工などは基本的に機械を使って行いますが、ノミを使って手で石仏や灯篭などを彫る昔ながらの加工技術も継承されており、年に1回、加工技術日本一を争う「技能五輪全国大会 石工競技」も開かれています。

ノミやセットウ（鎚）などの柄が入れられるようになったら、つまり道具が自分専用につくれるようになったら一人前の石工といわれ、10年以上の修業期間が必要です。同じ石でもその産地や生成物の違いで硬度や吸水率などが異なるため、石の特徴をつかんで作業をする対応力や専門知識も求められます。加工そのものは繊細な作業ですが、なにしろ仕事相手は重くて硬い石。1つ間違えば大怪我にもつながるため、集中力や注意力、冷静沈着な判断力も必須。怪我をしないように慎重に仕事をすることも一流の職人としての大切な要素です。

石工への道

石工と一言でいっても、採石場に行って石を切り出す「採石」、お城の石垣などで見られる「石積み」、地盤固めのための「石張り」、ノミや機械を使って石を削る「石加工」など、さまざまな種類があります。どの仕事でも学校を卒業後、石材加工会社や石材店に就職をして経験を積むのが基本です。この修業期間に「石材施工技能士」の国家資格を取得しておけば、転職や独立のときに心強いでしょう。公共工事や大きな建造物などスケールの大きい現場で活躍できる仕事です。

大学や専門学校で
土木工学や建築、
彫刻などを学ぶ
または普通に学校を卒業後

↓

石材加工会社や
石材屋に就職

↓

修業を積みながら
石材加工技能士などの
資格を取得

↓

石工として独立する

石工のキャリアパス

石材店や石屋は小規模な家族経営が多く、石工の技術も親から子へと引き継がれるケースが多かったこの業界。近年は後継者も少なくなり、恒常的な人材不足という悩みを抱え、ハローワークなどで募集する店も増えてきました。

石工職人の修業は、長く厳しく、見習い期間中は給料も安い三重苦ともいわれます。しかし、一人前になればさまざまな現場で引っ張りだこの職業でもあるのです。日本人ならではの器用で丁寧な仕事は世界でも評価が高いため、一流の石工職人になれば、海外の世界遺産の修復などに呼ばれることも夢ではありません。

Café OASIS
ようやく憧れのインテリアコーディネーターになれた！
これから頑張るぞ！
最初のお客さん！
ドキドキするなー
カフェのインテリアですね！
どのようなイメージで進めましょう？
うーんえーと……
まぁなんというか…
いい感じに
は？

ここはそう…燃えるように！
燃えるように？
反面ここは氷のように！
氷!?
そして全体的には
幸せに包まれるような…
??
?
そして結局…
最高だ！君に頼んでよかったよ！
これでいいの!?

JOB FILE 41

依頼主の空間イメージを具現化

インテリアコーディネーター

活動場所 住宅メーカー、リフォーム会社、インテリアショップ、デザイン・設計事務所、工務店、建築会社、輸入家具業者、家具メーカーなど

資格 インテリアコーディネーター

団体など インテリア産業協会

参考年収

TOP LEVEL（フリーのインテリアコーディネーター）	平均（企業内のベテランインテリア～コーディネーター）	BOTTOM LEVEL（関連会社入社当初）
500万～900万円	300万～400万円	250万～300万円

住宅や店舗、公共施設などのインテリアや空間をコーディネートする仕事。依頼主の好み、ライフスタイル、予算などをリサーチし、最適な家具や設備、壁紙、カーテン、照明など細部にいたるまで総合的にアドバイスします。人が住む場所・集う場所を創りあげるには、美しさだけでなく、動きやすさや使い勝手、快適さ、居心地のよさなど、さまざまな要望があります。それらに応えられる幅広い専門知識と、その要望を聞き出すコミュニケーション力、また夢が広がりがちな依頼主と現実問題との隙間を埋める調整能力が求められます。

依頼主が漠然と抱いているイメージを具現化するこの仕事は、無から有を生み出すクリエイティブな仕事ともいえます。同時に、「生みの苦しみ」を伴う苦労の多い仕事でもありますが、自分も依頼主も納得できる仕上がりになったときは、それまでの苦労を忘れるような大きな喜びが味わえます。

インテリアコーディネーターへの道

建築やデザインなどを学んだあとで、住宅メーカーやリフォーム会社などに就職するのが一般的。インテリアコーディネーターの資格を取得しておけば、関連部署への配属など、有利に働く可能性もあります。就職先は多岐にわたりますが、インテリアコーディネーターとしてカバーする仕事範囲は企業によって異なるので、確認しておくと安心。経験をある程度積んでから在職中に資格を取得する人も多く、隣接する建築士や設計士の資格も同時に取っておくと転職やフリー転向のときも心強いでしょう。

専門学校や大学で
インテリア・
建築・デザインなどを学ぶ
（インテリアコーディネーターの資格を取得）

↓

住宅メーカーや
リフォーム会社などの
企業に就職

↓

キャリアを積みながら
インテリア
コーディネーターの
資格を取得

↓

フリーとして活動

インテリアコーディネーターのキャリアパス

企業でインテリアコーディネーターとしてキャリアを積み、定年まで勤め上げる人もいる一方、企業にいる間に経験を積んで人脈を築き、関連資格を取得しておくなどの準備をして、フリーランスとして独立する人もいます。特に女性は結婚・出産後も自分のペースで仕事を続けられることから、フリーを想定して資格を取る人も増えています。

近年はバリアフリーデザインの普及やリフォームブームでインテリアコーディネーターの活躍の場も広がり、意欲さえあれば引く手数多の人気コーディネーターにもなれるでしょう。

よっしゃ!
BLAY
STATI
PILOT VR
やっとこいつを手に入れたぜ
でで〜んっ
パイロット VR
フライトシミュレーション
ゲーム『パイロットVR』
さっそく空の旅を存分に楽しむぜ!
わくわくする〜!
パカ
機長! そのボタンじゃないです!
こちらを押してください!
何やってんですか 乗客いるんですよ!!
だって初めてだし!!
ヒィィーーィ
なにっ どれだ?!
くぃっ
BLAY
ウィーン…
機長なにやってんですか!
わーん!
はぁ!? よくわからないよ!

ヨロ、、、
ヨロ、、、
ようやく安定してきたか…
フーッ
よーし景色を…
機長！
ハイジャックが発生しました！
はぁ…!?
お客様の中に急病人が!!
え…
イイイ……
片方のエンジンが止まりました!!
はわわ…
ムリだわコレー…
GAME OVER
ギブアップ
パイロットの仕事きつすぎ…！

JOB FILE

42

大空を駆け巡る

パイロット

活動場所 航空会社など

資格 定期運送用操縦士、事業用操縦士

団体など 日本乗員組合連絡会議、日本航空機操縦士協会

参考年収

TOP LEVEL（機長クラス）	平均	BOTTOM LEVEL（新人）
2000万～3000万円	1780万円	800万円～

航空機を操縦して、旅客や貨物を目的地まで安全に運ぶのが、パイロットの仕事です。大型旅客機の場合、機長と副操縦士が協力して操縦しますが、機長は飛行についての全責任を負いますし、ほかの乗務員の指揮監督も機長の役目です。さらに乗客全員の命を預かっていますから、ハイジャックなど不測の事態が起きても、落ち着いて対処できる冷静さと判断力が求められます。だからこそパイロットには厳しい訓練が課されますし、長く続けていくためには体調管理も欠かせません。

パイロットは昔から多くの人が憧れる職業のひとつですが、仕事は肉体的にも精神的にもハードなため、給料もかなり高い水準に保たれています。旅客機以外の活躍の場としては、自衛隊の戦闘機パイロット、警察や消防などの公官庁パイロット、海上保安庁や国土交通省のパイロット、遊覧飛行や報道取材で小型機を操縦するパイロットなどもあります。

パイロットへの道

航空会社のパイロットになるには、主に3つの方法があります。

1つめは、独立行政法人航空大学校に進学すること。2つめは、大学や専門学校の操縦科やパイロット養成コースに進むこと。3つめは、航空会社が募集する自社養成パイロットに応募すること。いずれの場合も、訓練を積んだのちに事業用操縦士などの国家資格を取得します。

航空大学校や専門学校で学んだ人は、国家資格を取得したのちに航空会社の有資格者採用に応募します。

独立行政法人
航空大学校に入学、
または大学や専門学校の
操縦科やパイロット
養成コースで学ぶ、
または航空会社の
自社養成パイロットに応募

↓

操縦士の国家資格を取得

↓

航空会社の有資格者
採用に応募する

パイロットのキャリアパス

航空会社に入社してライセンスを取得すると、まずは副操縦士としてデビューします。給料は基本給と乗務手当からなり、大手航空会社では副操縦士でも、すぐに年収1000万円を超えるそうです。さらに経験を重ねて機長になれば年収は2000万円以上、役職を兼ねた機長ならば年収3000万円以上になるといわれています。

ところが、新規に立ち上げられた子会社やエアコミューターでは、給与水準はかなり低くなります。しかし、航空会社の数は増えており、パイロットの需要自体は高まると予想されています。

城番組のラストにはお城を上から撮った映像が要るんだよ
ヘリ出せ！ヘリコプターを!! 空撮映像を撮ってこい!!
監督…今回はケーブルテレビの番組ですよ ヘリ飛ばす予算はとても…
若いくせに妥協グセがつきやがって 早くヘリ撮影の許可取ってくるんだよ
監督はムカつくけど 確かに空撮映像は魅力的だよな…
ハァ
まいったな～～
予算を安く済ます空撮映像…アレしかないよなぁ…
2010年代… 世界中の映像界に革命を起こす存在…
ドローンと呼ばれる無人航空機にカメラをつけて映像を撮影する
ドローン操縦士である
草鹿さん！お待ちしてましたよ!!
ごめんなさいねぇ 前の現場が長引いちゃって

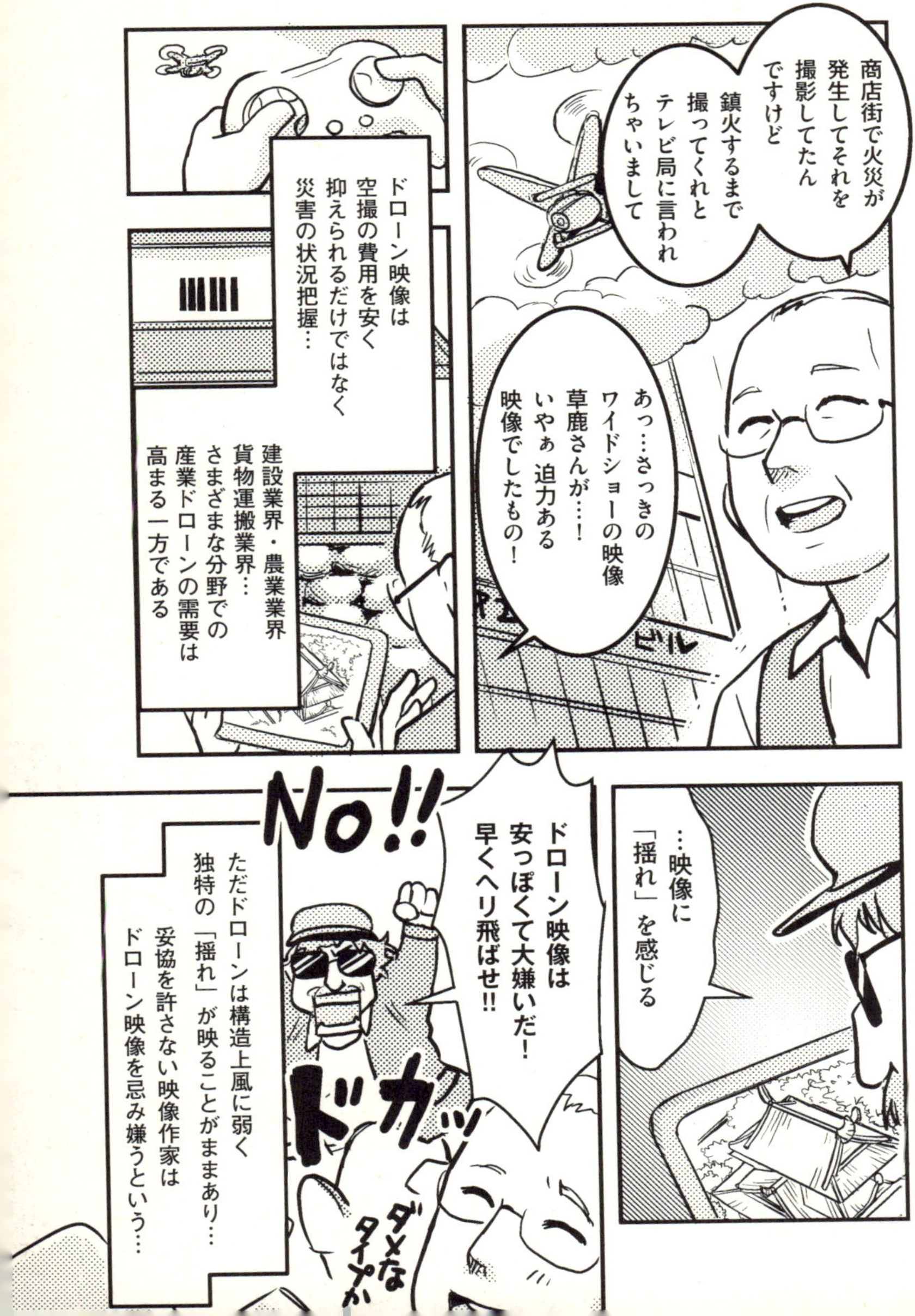
商店街で火災が発生してそれを撮影してたんですけど
鎮火するまで撮ってくれとテレビ局に言われちゃいまして
ビル
あっ…さっきのワイドショーの映像
草鹿さんが…!
いやぁ迫力ある映像でしたもの!
ドローン映像は空撮の費用を安く抑えられるだけではなく災害の状況把握…
建設業界・農業業界
貨物運搬業界…
さまざまな分野での産業ドローンの需要は高まる一方である
…映像に「揺れ」を感じる
NO!!
ドローン映像は安っぽくて大嫌いだ!
早くヘリ飛ばせ!!
ただドローンは構造上風に弱く独特の「揺れ」が映ることがままあり…
妥協を許さない映像作家はドローン映像を忌み嫌うという…
ドカッ
ダメなタイプか

JOB FILE

43

自由自在にドローンを操る

ドローン操縦士《そうじゅうし》

活動場所 撮影現場（写真、映画、テレビ）、災害現場、建築現場など

資格 特になし

団体など ドローン検定協会株式会社、ドローン操縦士協会（DPA）など

参考年収

TOP LEVEL（ベテラン操縦士）	平均	BOTTOM LEVEL（新人操縦士）
600万円〜	350万〜560万円	約250万円

ドローンと呼ばれる無人航空機を地上から操作するのがドローン操縦士の役割です。ドローンは手のひらサイズの小型のものから軍事用に使用される大型のものまでさまざまです。

日本においては、一般的にカメラを搭載したドローンを操作し、自然風景の写真・動画撮影などを行う産業ドローンの需要が多く、記録用映像や映画撮影、テレビ中継などの現場で活躍しています。こうしたフライト撮影（空撮）以外にも、災害時の状況把握のためにドローンを飛ばしたり、建設業界では構造物の点検や測量、農業界では農作物の観察・制御や農薬散布、貨物運搬業界では宅配への利用など、さまざまな分野で産業ドローンの運用が始まっており、今後ますますその活躍が期待されます。

一方で、ドローンによる事件・事故が多発していることを受け、国土交通省ではドローン操縦に関するガイドラインの制定や法整備を進めています。

ドローン操縦士への道

日本では、２０１７年6月現在、ドローン操縦士に公的資格や免許はありません。しかし、プロのドローン操縦士を目指すのであれば、国土交通省が公認しているスクールや講習会などに参加し、離陸や着陸、旋回といった飛行技術をはじめ、改正航空法などの法律知識、メンテナンス技術などを学びましょう。期間はスクールによって異なりますが、１日～１カ月程度となります。また、一般的に50～１００時間以上のフライト経験がプロのドローン操縦士には必要といわれています。

ドローン購入

↓

ドローンスクールでの講習や養成講座の受講
（国土交通省公認のスクールなどが望ましい）

↓

ドローン操縦の訓練を積む

ドローン操縦士のキャリアパス

ドローンの需要は、年々増加していますが、まだ日本ではプロのドローン操縦士と呼べるような操縦士が少なく、１００名程度しかいないといわれているのが現状です。そのため、技術と経験を持った腕のよい操縦士には仕事のオファーが殺到し、有名なドローン操縦士の場合、空撮１本のギャラが50万～１００万円ともいわれています。

一方、測量会社や建設会社では、土木施行管理技師や測量士補、建設コンサルタントの業務の一環として、ドローン操縦を行える人材が求められています。

CHAPTER 08 ▼ 漁業・林業・畜産系職業

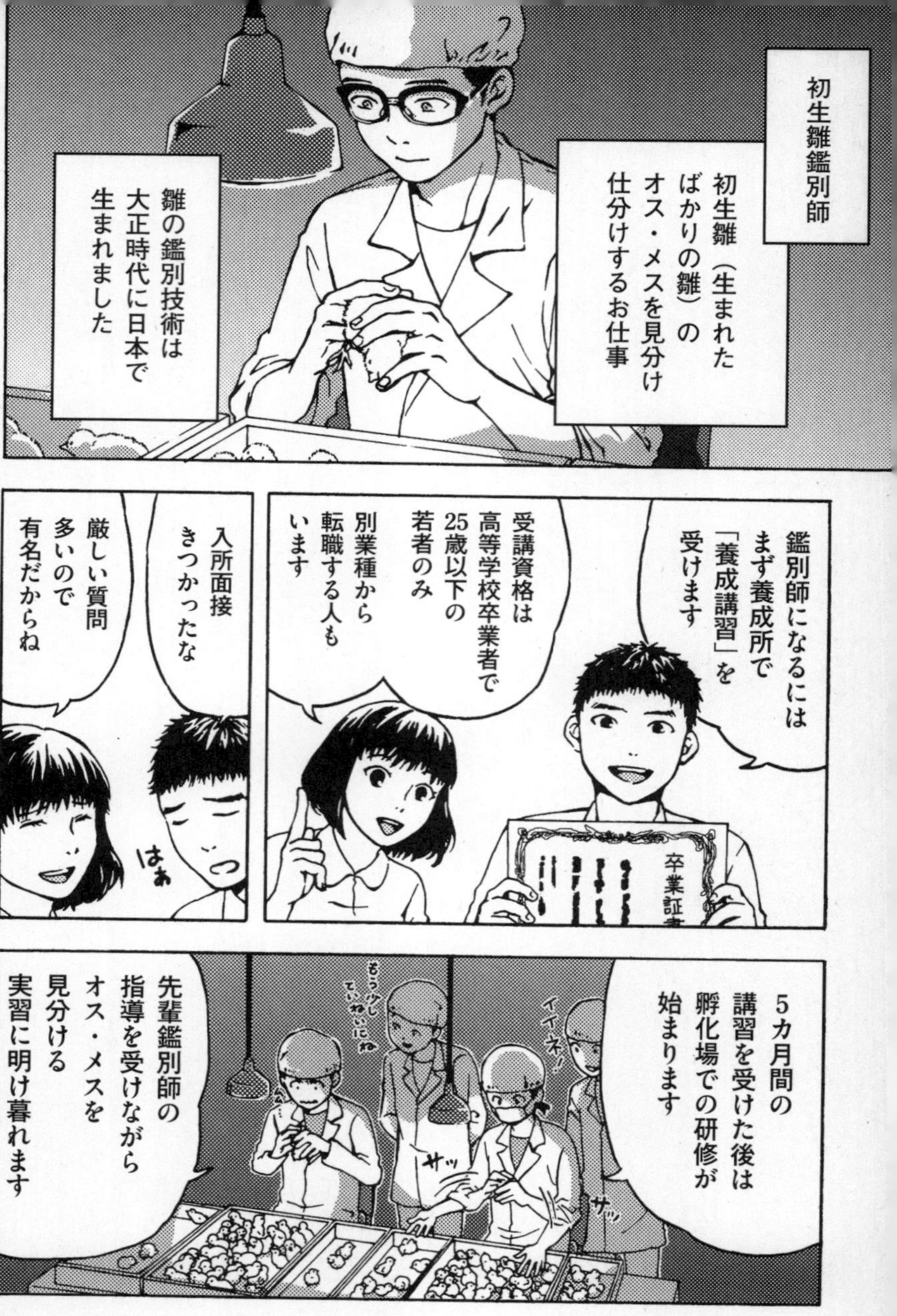
初生雛鑑別師
初生雛（生まれたばかりの雛）のオス・メスを見分け仕分けするお仕事
雛の鑑別技術は大正時代に日本で生まれました
鑑別師になるにはまず養成所で「養成講習」を受けます
卒業証書
受講資格は高等学校卒業者で25歳以下の若者のみ別業種から転職する人もいます
入所面接きつかったな
厳しい質問多いので有名だからね
はぁ
5カ月間の講習を受けた後は孵化場での研修が始まります
イイネ！
もう少していねいにね
サッ
サッ
先輩鑑別師の指導を受けながらオス・メスを見分ける実習に明け暮れます

1～2年の研修ののち
高等鑑別師の資格試験に合格すると鑑別師として登録・派遣されます
やったー!!
派遣待ちの間は研修生として技術を磨きます
早く!
正確に!
サッ
サッ
!
今日の分の鑑別早く終わったからちょっと出かけよう
RRRR
海外での派遣要請があります!
海外でのニーズが多く
腕一本で世界を股にかけて仕事を極める醍醐味を味わえる職でもあります

JOB FILE

44

雛のオス・メスを見分ける

初生雛鑑別師《しょせいひなかんべつし》

活動場所 日本国内または海外の孵化場

資格 初生雛鑑別師（民間資格）

団体など 畜産技術協会

参考年収

TOP LEVEL（大御所高等鑑別師）	平均（高等鑑別師）	BOTTOM LEVEL（研修生）
700万～1000万円	500万～600万円（国内外問わず）	80万～150万円

生まれたばかりの雛（主に鶏）のオスとメスを見分け、仕分けるお仕事。鶏は主にオスは食用でメスは採卵用として育てるため、なるべく早く雌雄を分け、それぞれに適したエサや飼育方法が必要になります。鑑別をするには孵化してからいかに早く鑑別するかが重要で、数時間すると「枯れる」といって生殖器が見えにくくなってしまいます。1羽の鑑別に2秒という速さに加え、正確さ、雛を傷つけないデリケートさも求められます。

主な仕事場の孵化場は遠方のことも多く、雛の孵化時間に合わせてスタンバイするため、夜中に車で出発して孵化場に向かうこともしばしば。仕分けの作業は同じ姿勢のまま数時間続くので、集中力の高さと根気強さが必要です。ただしノルマ数の鑑別が終わればお仕事は終了で、基本的に個人事業主なので、自分の頑張りが就業時間や仕事量（つまりギャラ）にダイレクトにつながるお仕事です。

初生雛鑑別師への道

養成講習が受けられるのは高等学校卒業者で25歳以下の若者のみ。5カ月間の講習では雛に関する知識と鑑別技術を教え込まれ、雛のオス・メスを見分ける実習に明け暮れます。鑑別師として独り立ちするための高等鑑別師試験は、400羽の雛を36分以内ですべて区別し、99%の正答率を出さないと合格できません。雛の鑑別技術は大正時代に日本で生まれましたが、畜産国ではない日本で仕事を得ることは難しく、高等鑑別師になるとほとんどの場合、海外に派遣されます。

鑑別師養成講習初等科
(5カ月間)を受講

↓

孵化場で研修(1〜2年間)

↓

高等鑑別師の資格試験

↓

試験合格後、
鑑別師として
登録・派遣される

初生雛鑑別師のキャリアパス

養成受講者が高等鑑別師までたどり着ける割合は半数以下という門の狭い職業です。特に養成所の面接試験では、メンタルの強さや海外で働く覚悟を試されるような厳しい質問が続くことで有名です。派遣されるのはヨーロッパやロシア、東欧諸国、オーストラリアなどで、近年は韓国や中国にも鑑別技術が伝わったことから、海外で働きながらも同僚はアジア人というケースが増えています。鑑別の機械化や鑑別不要の鶏が品種改良されるなど、鑑別師の存続を危ぶむ声もありますが、ほぼ100%という正答率の高さはいまだ重宝される職業です。

小さく産んで
ゴー
キュー
大きく育てる!
ブキッ
仕事はとにかく 一日中 一年中 豚ちゃんの世話だよ
豚ちゃんはデリケートで神経質 きれい好きなんだ
アツイ
サムイ
豚舎はいつも清潔に! 温度にも気をつけなきゃ
病気になったら大変だし体重増加にも影響するからね
バッチィ
カイテキ
キレイ
出産のときは24時間体制になる
ブジ
産まれた
約2年間で4～6回の繁殖
適度な運動をさせながらストレスなく健康に育てる
愛情も注いでね

そろそろお別れだな
ブキッ
生後6カ月程度で出荷
ウチの豚舎からは年に2400頭ほどこうして旅立って行くんだ
残さないで大事に食べてね
スーパーの肉
カツ丼
しょうが焼
養豚家になるなら高校や大学で畜産の勉強をするのもいいし
まず養豚場に就職して覚えるのもいいよ
新規で開業は初期費用がかかるし設備も維持費もけっこうかかる
生き物相手だし厳しいかもね
さて餌やりの時間だ
みんなよく食べてよいお肉になるんだぞ

JOB FILE

45 愛情いっぱいに豚を育てる

養豚家《ようとんか》

活動場所 豚舎、畜産施設

資格 特になし

団体など 日本養豚協会、農業協会

参考年収

TOP LEVEL（独立した養豚家）	平均（ベテラン作業員）	BOTTOM LEVEL（新入社員）
700万円～	400万～600万円	200万～300万円

豚を飼育して繁殖し、食用に出荷するのが主な仕事。約２年間で４～６回の繁殖をさせ、生まれた子豚は生後６カ月（１００kg）を目安に出荷します。国内の養豚場のほとんどが繁殖から出荷までを一貫して行っており（海外では繁殖だけの農家、育てて出荷するだけの農家もある）、幅の広い知識と経験が必要とされます。豚はデリケートで神経質なため、暑さや寒さの対策はもちろん、豚舎を清潔に保つための掃除や消毒も大切な業務。特に大切なのは分娩の手伝い（助産）で、24時間体制でサポート。平均的な養豚場では年２４００頭ほどを出荷するともいわれ、かなりの重労働になります。

しかし自分が取り上げ、心を砕いて育てた豚たちが出荷されていくのは、寂しさよりも喜びが大きいといいます。適度な運動をさせながらストレスなく健康に育てた後に、美味しく消費されるために旅立つ、そのお手伝いをするのが養豚の仕事です。

養豚家への道

高校・大学・専門学校卒業で
畜産の基礎知識を学んだ後
もしくは普通に学校を卒業後

↓

養豚場に就職し
豚飼育の基本を学ぶ

↓

養豚家として独立

鹿児島県や静岡県など温暖な気候の地域に多い養豚農家。近年の後継者不足に加え、豚肉の国内消費量も年々増えていることから、養豚場作業員の募集は常に一定数あるようです。しかし養豚場は基本的に郊外や地方にあり、朝早くから夜遅くまで豚の世話をすることから職住近接は必至。温度管理はもちろん、繁殖や出産への対応など、明けても暮れても豚尽くしの生活です。最近は脱サラ組の若者もいるようですが、動物相手の厳しい職場なだけに、相応の覚悟は必要です。

養豚家のキャリアパス

ある程度経験を積んだあとは独立する人も少なくありませんが、初期費用には億単位の資金が必要なため、その調達が肝になります。豚の飼育は最低でも100頭が基準で、飼料だけで年間数千万円かかることを考えると、販売価格が3万円前後の豚を月平均50頭の出荷ペースを保たないと経営は難しいようです。

ブランド豚などを育てれば販売価格は2〜4倍にも跳ね上がりますが、施設のメンテナンスや口蹄疫などの病気への備えなど、毎月の支出はかなりの額。儲けを考えたら簡単には手出しができない業界です。

ベーリング海　沖合
カゴ上がったぞーー!
ザザ…
ザパー
大漁だぁ!! 手ぇ挟むなよ
足踏ん張れぇー 投げ出されるなよ!!
俺は竜平 カニ漁船に乗って2カ月… 絶賛カニ漁真っ最中だ
2カ月前——
ハァ…
ペラッ
ギャンブルで借金 500万も こさえちまった…
バイト特集!
割のいいバイト…
ん? カニ漁船?
カニ漁求ム!
3ケ月で1000万円
やる気&体力だけあればOK!
カニ!
3カ月で1000万!?
これなら お釣りまで 返ってくら!
カニ漁師に学歴や資格は不問! 必要なのはやる気と体力のみ——

一獲千金を望む野郎ども!
目指すはベーリング海峡さぁ船出だ!
ザザ…
アァァァァ
カニ漁は2~3カ月は陸に戻れない
しかも引き上げ作業は危険と極寒にさらされ24時間寝ずの作業になる
船酔いもねーし体力には自信がある俺には楽勝の仕事…
楽勝~♪
おーい 別の船で高波にさらわれた2人さらわれたぞー!
えっ
ピクッ
まーた綱を放しやがったか!
甲板の下は極寒の海…落ちたら死ぬって言ってんのになぁ
…
一人やニ人気にしねーけど
まぁな。
カニ漁船は毎年30人前後の船員が命を落とす
高給のウラには常に死のリスクがつきまとうのだ

JOB FILE
46

短期間！ 高収入！ ただし命を落とす可能性あり！

カニ漁師《りょうし》

活動場所 海洋

資格 海技士

団体など 漁業協同組合

参考年収

TOP LEVEL（船長）	平均	BOTTOM LEVEL（新人）
1800万円〜	1500万円	1000万円

どんなカニを捕るかにもよりますが、カニ漁師は一度海に出ると2〜3カ月は陸上に戻ってくることができないため、船酔いしやすい人にはあまり向かない職業です。また漁の間は休みがなく、仕掛けの引き上げ時には24時間以上連続で働くことも。閉鎖された空間でほかの乗組員と過ごすため、一度トラブルになると逃げ場はなく、労働環境としては決していいものとはいえないでしょう。

カニ漁師の中でも特に、ベーリング海で漁をする人たちはテレビのドキュメンタリー番組で取り上げられるほど有名です。強風吹きつける極寒のベーリング海。荒波にさらされ、まさに死と隣り合わせになる甲板の上で、男たちは一獲千金を狙います。

たった3カ月間でサラリーマンの平均年収以上の収入を得ることができますが、そこには金額に見合った以上の危険が常について回り、実際に毎年30人くらいの人が命を落としています。

カニ漁師への道

カニ漁師になるために学歴や資格の必要はありません。やる気と体力さえあれば、誰でも目指すことができます。

「いきなりカニ漁師になるのは不安かも…」という場合には、就業セミナーや漁業体験に参加するのも1つの手段。漁業業界も人材確保のためにさまざまなイベントを行っています。漁師としてやっていける自信がついたら、漁協などに連絡してカニ漁師の募集を探しましょう。最近では漁業研修制度もあり、漁師になるための窓口は広くなっています。

乗組員として
カニ漁船に乗員する
↓
航海士、機関士などの
資格を取得する
↓
リーダー職になる
（船長や機関長など）
↓
独立して船頭
（最高責任者）になる

カニ漁師のキャリアパス

まずは親方漁師に弟子入りしたり、漁業会社に就職したりして漁船の乗組員になります。1～2年目は新人として扱われ、3年を超える頃から一人前の乗組員と呼ばれるようになり、給料も上がっていきます。

このとき漁に関する知識や技術を身につけるほか、大切になるのが乗船実績。幹部乗組員を目指したり、漁師として独立するためには海技士免許（航海または機関）という操船資格が必要になり、一定の乗船実績がなければ試験を受けられません。

また、1年のうちカニ漁が行われるのはたった3カ月。副業や余暇など、残りの9カ月をどう過ごすかはあなた次第です。

「鮪《マグロ》」
古来 日本人が愛し
全部位に名がつくほど
食される大型魚類
クロマグロの成魚は
全長3メートル
体重400kg超
海原の食物連鎖の
頂点に君臨する
ザ
近年海外での
需要も高まる中
「黒いダイヤ」を
獲りに男たちは
船出する
魚探に反応あり！
クロマグロの群れです
潮・風ともに良！
どうします
船長《キャプテン》？
んーじゃあ
はぁじめよっかぁ
マグロとの
「ファイト」を
よぅ!!

ビットォッ!
ぐんっ
400kgのクロマグロを腕一本で釣り上げることは不可能
もうムリ…
ギギギ…
リールを巻く速度に緩急をつけマグロを弱らせ…数時間を費やして船に近づけるのだ
マグロ漁には延縄漁と一本釣りの2通りの漁法がある
さらに穏やかな海では一本釣りに竿が用いられる傾向がある
マグロとの「ファイト」を制し釣り上げれば1匹数千万円の値がつくことも
ゼェ…ゼェ…
船長ーっ!
時を待ち…挑み長時間 精神をすり減らしてマグロと対峙し続ける
マグロ漁師は男の夢とロマンが詰まった究極の肉体労働なのだ

JOB FILE

47

一獲千金を夢見て

マグロ漁師《りょうし》

活動場所 海洋

資格 海技士

団体など 日本かつお・まぐろ漁業協同組合など

参考年収

TOP LEVEL（漁労長）	平均	BOTTOM LEVEL（新人）
1000万円～	500万円前後	360万円～

マグロ漁には網引きで獲る延縄漁と、釣り竿で1匹ずつ釣り上げる一本釣りがあります。延縄漁では、網を海に投げ入れる作業と回収する作業を1日に15時間以上行うこともあり、まさに体力勝負。何百Kgという巨大なマグロを釣り上げる一本釣り漁も過酷な力仕事であることに変わりはありませんが、1匹に数千万円の値がつくことも。そのため、一獲千金を夢見て、挑み続ける漁師も少なくありません。

遠洋マグロ漁船の乗組員は、漁労長（船頭）を頂点に、船長、甲板員、機関員、通信員など総勢20～25人。最近では外国人の船員も増えています。多くの場合、遠洋漁業のため長期間、船の上での生活を余儀なくされ、一度漁に出ると1年以上帰ってこられないこともあります。船に乗っている間は、漁以外の時間も船員としての仕事がずっと続きますから、大げさに言えば、人生を海にささげるくらいの覚悟が必要です。

マグロ漁師への道

マグロ漁師になるには学歴も資格も必要ありませんが、仕事がハードで長期間にわたるため、過酷な労働に耐えうる健康な肉体と強靭な精神力、そして「覚悟」が求められます。

それでもマグロ漁師になりたいという人は、国の漁業就業者確保育成センターが主催している就業支援フェアに参加し、マグロ漁船の船員を募集している水産会社を探してみるとよいでしょう。また、インターネット上にはマグロ漁師専用の求人サイトも設けられています。

マグロ漁船の船員になる

↓

海技士の資格を取得し、経験を積む

↓

航海士の資格を取得し、経験を積む

マグロ漁師のキャリアパス

新人はまず、員級Bとして働きます。一人前に仕事ができるようになると、員級Aに昇級。3年の乗船経験を積むと「海技士」の資格試験を受けられます。キャリアアップのためには、この資格取得は欠かせません。海技士の資格を取得すると「航海士」になり給料もアップ。順調にいけば、新人から5～6年で一等航海士になることも可能です。

さらに経験を積んで「船長」になれば、年収800万円以上も夢ではありません。キャリアのトップはマグロ漁船を統括する成功責任者である漁労長で、年収は1000万円を超えます。

今日は暑くなるぞ
水分や塩分をとって熱中症に気をつけろ
ハイ
○○公園
さっきからそこで見てるあんた暇なのかい？
物好きだねえ
庭野植木
庭野植木
こいつは学校出てすぐのまだまだひよっこ
一人前になるには10年かかる
あの人はウチの会社で一番腕の立つ人だ
なんていうか真似のできないものがあるんだな
免許はいらないが国家資格があると得だよ
造園技能士と造園施工管理技士の2つ

どんな庭をつくったらいいか相談を受けることもある
池もほしいのですが…
できますよ！
向こうに花を植えて手前に石を…
木や草のことだけじゃなく石や地盤のことも考えるし
けっこう幅広くやるね もちろん手入れのことも考えてアドバイスするよ
植木ってのは生き物だからさ
大事にしてやりゃ人間よりもはるかに長生きする木もあるわけよ
そこを忘れちゃいけねぇ
なかなか奥深いだろ？
長くできる仕事だから会社を定年してから入ってくる人もいるんだ
社長！さぼってちゃダメですよ
おっといけねぇ それじゃな
あんたとはまた会えそうな気がするよ

JOB FILE

48

緑の景色をつくる仕事

造園師《ぞうえんし》

活動場所 個人家屋の庭、公園、集合住宅の植栽、街路樹などの管理

資格 造園技能士、造園施工管理技士など

団体など 日本造園建設業協会、日本造園組合連合会など

参考年収

TOP LEVEL（造園会社設立）	平均（造園会社　勤務10年目）	BOTTOM LEVEL（造園会社　新入社員時）
900万～1500万円	300万～450万円	200万円

別名は庭師ともいわれ、個人の庭をはじめ公園や街路樹、マンションや団地などの植栽、緑地計画にいたるまで幅広い場所の樹木を管理します。その場所にふさわしい樹木の選定から地盤づくり、排水、外構などの土木工事、どこに石や芝生を置くかなどのデザインやランドスケープまで、その知識と技術は想像以上に広く深いものが必要です。

またそれらの樹木の剪定《せんてい》や害虫駆除、草取りや落ち葉の掃除といったメンテナンスも請け負うため、自分が造った庭や緑地を継続してケアする責任を伴う仕事といえるでしょう。

基本的に仕事のすべては屋外での作業になるため、労働時間や勤務体系が天候に大きく影響されます。積雪や台風で樹木が倒れたときは、夜中でも緊急出動要請がかかることも。強靭な体力はもちろん、虫や高い場所への耐性もあった方がいいですが、修業をするうちに身につくことも多いでしょう。

造園師への道

学校卒業後に造園会社に入社するのが、造園師になるための一番の近道。植木の知識から土木、外構、設備などの技術まで、全般的にこなせるようになるには幅広い知識が求められるので、一人前になるには10年かかるともいわれます。造園師になるために必要な資格は特にありませんが、実務経験を積んだ後に取得できる造園技能士と造園施工管理技士の2つの国家資格を取得すると、昇進や昇給などに影響する可能性も。独立を考えているなら取得しておいて無駄にはなりません。

高校卒業後、
または大学や
専門学校で造園知識を
学んだ後に
造園会社に就職

↓

造園会社で造園や土木、
植木の知識を蓄積する

↓

造園師として独立

造園師のキャリアパス

造園会社は小中規模企業が多く、入社時に造園の知識は特に求められませんが、近年は大学や専門学校で基礎知識を学んでから就職する人が増えているようです。入社後は現場作業や技能講習会などで経験を積みながら、造園技能士や造園施工管理技士の資格を取得すればキャリアアップにつながります。

そのほか、クレーンや石組みなどの技術を習得するチャンスもあり、定年退職後に造園師を目指す人もいるほどです。フリーの造園師は少ないものの、独立して会社を興す人は多く、一国一城の主も目指せる仕事です。

CHAPTER

09

▼

そのほかの職業

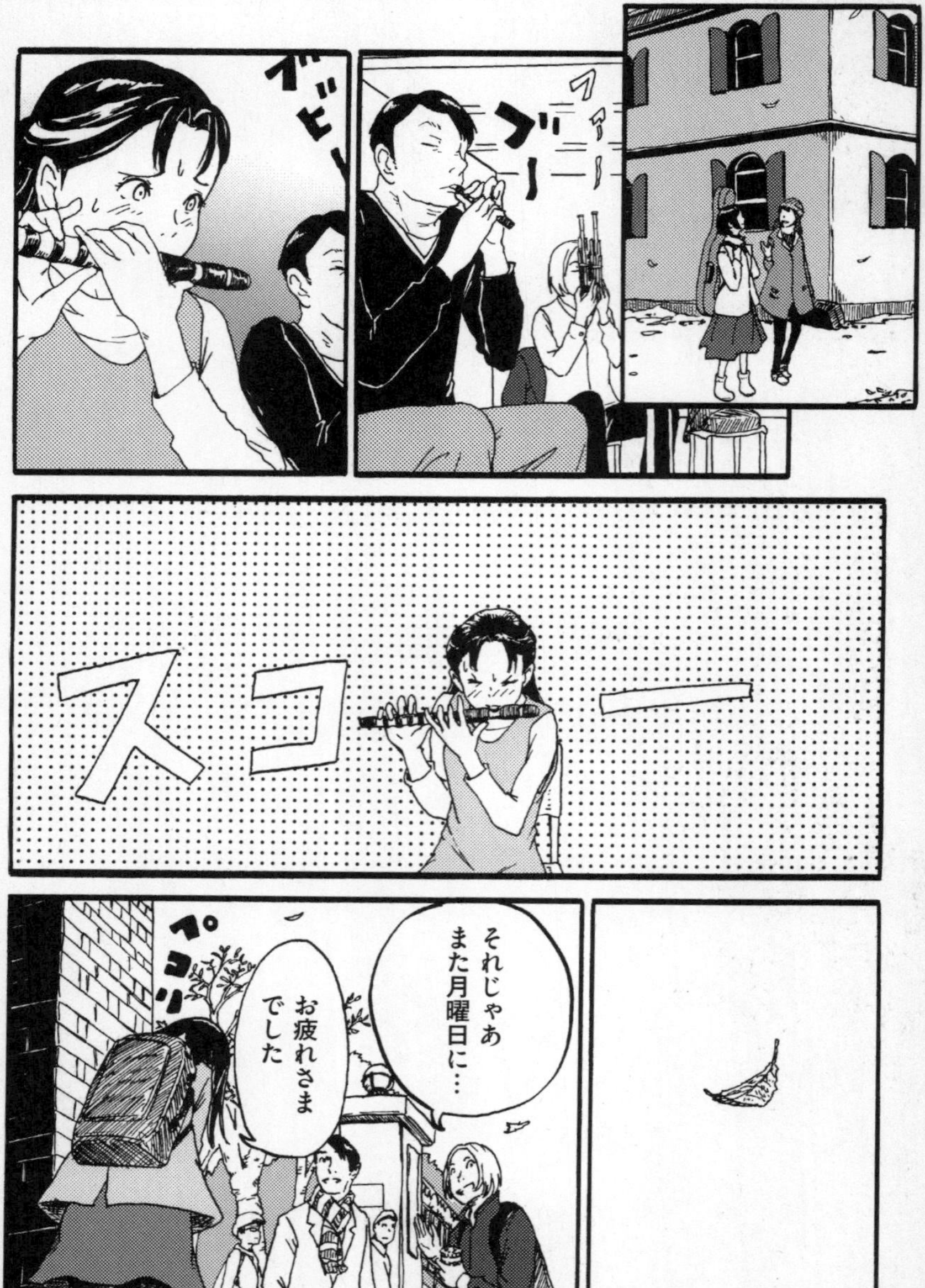
ブー
ファ〜
ブビビ
スコー
それじゃあ また月曜日に…
お疲れさまでした
ペコリ

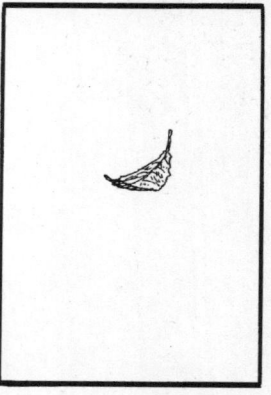

龍笛《りゅうてき》って
難しいな…
でもひと通り
マスターしたいな…
結衣さん！
今学校
帰り？
ワッ！
！
この子はウチで
お手伝いをしてくれて
いる千穂子ちゃん
私も
これから
一緒に
行こう
帰国子女の
高校三年生
スミマセン
英語が堪能なので
ウチでは大助かりです
I know
this place
very
very much!
wow!
FOLLOW
ME
武
JAPAN

ウチというのはこの地で代々続くなかなか由緒ある神社なのです
結衣おかえり
Wonderful!
So cute!
そして千穂子ちゃんは巫女の助勤（いわばアルバイト）をしてくれています
海外で日本文化を再発見した千穂子ちゃんは
高校卒業後の巫女採用試験に向けて経験を積んでいます
千穂子ちゃんウチも受けてくれるかな…
コレコレ

自分の立場を忘れて ヒトに頼ったら ダメよ
それに 千穂子ちゃん 年末年始の ご奉仕 今度が初めて でしょう？
年末年始 場合によっては初七日まで続くほぼ不眠不休の激務！
このわずか数日間のために巫女を諦める人が続出する
心配しないでください 私体力ありますから
アメノウズメ様の精神でご奉仕します！
…… あ… うん…
間違っては いないけど…
アメノウズメ様は かなり過激な お方…

JOB FILE

49

縁結びから祭祀まで、人と神様のご縁を取り持つ

巫女《みこ》

活動場所 神社、結婚式場

資格 特になし（神職の資格を持っている人もいる）

団体など 神社本庁

参考年収

TOP LEVEL	平均	BOTTOM LEVEL
300万円	200万円	時給 1000円

巫女は、神社では奉仕を通して人と神の縁を強く結びつけ、神前結婚式では神を通じての人と人の縁結びの手助けをする、神聖な仕事です。

元来は、神楽舞、ご祈祷、ご神託など神道において中心的な存在でした。近代になってからは神主など神職の補佐に転じて、現代では、参拝者への接遇、お札の作成、お札やおみくじの授与、境内の掃除、神職の手伝い、祭祀での神楽舞、事務作業など多岐にわたり、専門職と一般職の両方をこなす存在となっています。

実際に巫女として奉職している人は、神職の娘や近親者など、各神社とゆかりのある場合がほとんどです。

神に仕えるという立場なので、自分を律する強さと勤勉さが必要で、立ち居振る舞いや清らかさを保つことに留意し、華美な服装や派手な言動は慎むのが望ましいとされています。

巫女への道

巫女になるのに特別な資格や学歴は不問ですが、神道系大学で学習しておくと神社に関する歴史などの教養や神職としての心構えが身につきます。

また、就職前に、助勤（アルバイト）を体験しておくと研修にもなるのでよいでしょう。助勤は、各神社での公募、神道系などの学校での募集、求人広告などで探します。多いのは各神社の縁故採用です。巫女として神事に奉仕できる期間は20代後半までと短く、神社によっては結婚とともに定年になる場合もあります。定年後は事務職につきます。

各神社が募集する
巫女採用試験を受けて就職

※結婚式場での式典業務は、
就職先の神社から派遣されるか、
助勤として応募

↓

神職として日々研鑽《けんさん》する

↓

一人前の巫女として神事に
奉仕、後進の指導にあたる

巫女のキャリアパス

巫女は、神事、祭祀に関する専門職スキルと、礼儀作法、コミュニケーション能力、事務能力など会社でいうところの一般職スキルとの両方が必要とされます。神に仕える身になりますので、仕事の最中は常に人目を意識して行動し、自己を高める努力が必要です。

また、結婚式場の神前式で奉仕する場合、正採用の巫女は縁結びの神様の総本山である出雲大社で研修することもあります。巫女として活躍できる期間は短く、20代後半で定年に。その後は社務所に詰めて事務作業につきます。神楽舞の指導など、後進の指導にあたる場合もあります。

罰ゲームは涼太に決まり～
うえー まじかよ
何にする？
んじゃあ 目隠しソムリエ
なにそれ 怖いんだけど
目隠し状態で 何食ったか 当てるゲーム！
待って 怖い
いいから 目隠しして
はい 食べてー さて これは 何でしょう
なんだ チョコだろ 簡単簡単
うまい
ちえっ
じゃあ 次これな
辛え！ チョコの後の ミントタブレット 辛え！
ぎゃははははははは
でも ちょっと 簡単すぎるな
これなら わかんないだろ
ぎゅっ
ん？ あれ？ わからん…
正解は もう1回 チョコでした！
鼻つまむと 味わからなく なるんだな
な？ 面白いっしょ
へー 不思議だな
ほんとだ チョコだ！
香りって こんなに味覚に 影響するんだ…！

数年後――
化粧品会社へ入社
世の中は たくさんの香りにあふれています
その香りを調合するのが調香師の仕事です
華やかなイメージですが香料は化学で扱う分野で理系の大学や大学院で研究をしてから企業に入社するのが一般的です
そういえば あんた どんな部署に配属されたの？
香料を調合する研究室だよ
なにそれ？
調香師って知ってる？
食品や歯磨き粉みたいに口に入る香りを調合するフレーバリストと
香水や化粧品とか洗剤の香りを調合するパフューマー
大きく分けてこの2つを調香師と言うんだ

フレーバリストは扱う香料の人体への安全性や環境への影響を考慮したうえで香りを効果的に使った商品を開発するんだよ
パフューマーはそれに加え芸術性の高い香りを創出するクリエイターとしての能力も必要なんだ!
圧
へー じゃあ あんた今度 私専用の香水 つくってよ!
そんなのまだまだやらせてもらえないよ そもそも……
あぅん 風呂入ってくる
会社によって年数はさまざまですが 4年ほどで研究室に配属され 上司の助手として修業が始まります
助手時代は 有名な香水や香りを模倣する「イミテーション」を行い 技を磨きます
たくさんの「イミテーション」を経て 自分の感性でオリジナルの香りを創造する「クリエーション」が始まるのだそうです
うん いいね うまくできてる んじゃないかな
ありがとう ございます!
じゃあ 次は この香りを イミテーション してみようか
コトッ
はい!
仕事のやり方としては 会社やクライアントから 予算や期限が決まった調合の 依頼を受ける場合と
自ら新しい香りを創作する 仕事に分かれます
僕もいつか…

数年後――
どこ行くんだって?
フランスの提携先に出向させてもらっていろいろ勉強してくるんだ
まじかすげえな
おおっかっこいいい!
送別会開いてくれたお礼に これ…みんなをイメージしてつくってみたんだけど
コト
何? わ! 香水!
えー! 一人ひとりに?
嬉しい! いい匂い
ありがとう!
俺香水つけたことなかったわ サンキューな!
たまには帰って来いよな!
正月は集まろうぜ
頑張ってこいよ!
おう!
自己管理能力を高め
流行をキャッチする
アンテナを磨き続ける調香師は
香りにかかわる
さまざまな分野で活躍する
スペシャリストなのです
芳香剤
炊事用

JOB FILE

50 理系(理系男子が多め)が活躍する香りのスペシャリスト

調香師《ちょうこうし》

活動場所 香料会社、香水・化粧品会社、食品会社

資格 特になし

団体など 日本調香師会

参考年収

TOP LEVEL（研究室長）	平均（一般的年収）	BOTTOM LEVEL（新入社員）
700万円〜	350万〜500万円	250万円

調香師は、食品や化粧品のための香料を調合する職業です。食品の香料（フレーバー）を調香するフレーバリストと、それ以外の香粧品などの香料を調香するパフューマーとの大きく2つに分けられます。

フレーバリストは、扱う香料の人体への安全性を考慮し環境への影響を配慮したうえで、香りが心地よくたつように賦香率なども念頭に入れ、香りを効果的に使うことでヒットを狙う商品開発をするのが仕事です。

一方、パフューマーは、そうした点に加えて、芸術性の高い香水を創出するために、クリエイターとしての能力を発揮することが求められます。

また、仕事のやり方としては、食品や香水、化粧品、歯磨き粉や入浴剤などの日用品メーカーから製品の香りの調合の依頼を受ける仕事と、自ら新しい香りを創作する仕事があります。

調香師への道

香料は化学で扱う分野になるため、化学や薬学など理系の大学や大学院で研究をしてから、香料会社、化粧品会社、食品会社など、香りが商品開発に重要なウエイトを占める企業に入社するのが一般的です。香料会社の場合、現場で原料の製造や出荷などの仕事をしながら実物に直に触れ勉強します。会社によって年数はさまざまですが、4年ほどで研究室に配属されます。上司の処方を調合する助手の時代を経て一人前として創香の仕事が始められるようになります。また、学歴に関係なく本場フランスで修業する道もあります。

香料を扱う化学・
薬学分野の大学、
大学院を卒業後、
香料関連企業に就職

↓

会社で香料原料の
知識を蓄積し、
調香技術を習得する

↓

調香師として創香を
任せられるようになる

調香師のキャリアパス

調香師として一人前になるには5年〜10年かかるとされています。会社の研究室で調香師として一人前になった場合、創香するだけではなく、仕事の進め方、売上や成果の出し方、若いメンバーの育成の方策も考えなければなりません。IFRA（国際香粧品香料協会）レギュレーションをはじめとしたさまざまな規制を熟知し、コンペティションへの参加や、香水の本場フランスでの研修への参加などを通して自己研鑽にも努めます。そして香料を取り扱う技術を極めることで、香りにかかわるさまざまな分野で活躍できるようになります。

俺って
ワイン大好き!
ぷはーっ
ソムリエに
なりたいな!
行きつけの
レストラン
ソムリエとして
働くには
資格は必須じゃ
ないんだよ
ウチでちょっと
やってみる?
ホントに!?
ビシッ!!
OPEN
いらっしゃい
ませー

ねぇ キミ
これに合う
ワインは
これかな?
ヘッ!?
こりゃなんだ?
牛かな?
ブタかな?
使われている
スパイスは…
わかんねぇなー
俺は
ワインだけが
好きだから
サッパリだぜ!
よくわかんないから
俺が好きなワイン
飲めよ!
ほら
いっき!! いっき♪
ぐい
ぐい
グヘエーッ!!
こんな店
二度と来るか!
確かにソムリエに
資格は必須ではないが
ワインの知識だけでなく
料理との相性や
高い接客能力も求められる
ありゃ…
失敗した

JOB FILE 51

料理に合うワインを提供

ソムリエ

活動場所 レストラン、ホテルなど

資格 ソムリエ
ワインエキスパートなど

団体など 日本ソムリエ協会、
全日本ソムリエ連盟など

参考年収

TOP LEVEL（チーフソムリエ）	平均（飲食店勤務）	BOTTOM LEVEL（飲食店勤務　入社時）
600万円〜	300万〜400万円	250万円前後

フランス料理店やイタリア料理店、ホテル内のレストランやラウンジ、バーなどで、ワインを給仕するのがソムリエの仕事です。料理や客の好みに合わせて最適なワインを見極めて提案することが求められるため、ワインはもちろんのこと、料理に関する専門的な知識も必要になります。また、ソムリエは別名「雰囲気の魔術師」とも呼ばれており、高いコミュニケーション能力やスマートな立ち居振る舞いなど、接客のプロとしてのスキルも求められます。最適なワインと最高のおもてなしによって、満足度の高い食事シーンを演出するのが、ソムリエの腕の見せどころなのです。

さらに、ワインを提供するだけでなく、仕入れや価格交渉、在庫管理などまで、幅広い業務を担当します。時にはワインの産地まで出向いて買い付けをしたり、ワイナリーの研修に参加することもあります。

ソムリエへの道

ソムリエの試験には、日本ソムリエ協会が実施している「呼称資格認定」などがあります。

ソムリエとして働くために資格は必須ではありませんが、飲食業への就職や昇給・昇進には、資格を持っている方が有利です。

ソムリエは、ぶどうの産地や品種、収穫時期などワインに関する専門的な知識に加え、料理との相性や取り扱い方法、管理の仕方なども覚える必要があります。さらには高い接客力も求められるので、ワイン好きなだけでは務まらない仕事です。

学校卒業後、
または調理師学校・
大学・短大・専門学校などで
学んだあとに飲食店に就職

↓

実務経験を積む

↓

認定試験を受けて
資格を取得

ソムリエのキャリアパス

まずはワインを提供しているレストランやバーなどで働き、ワインの知識や接客のスキルを身につけます。ある程度、経験を積んだら、ソムリエの認定試験を取得しましょう。経験を積んで実力を認められれば、チーフソムリエに抜擢されるなど、昇進することができます。中には、ワインの本場であるフランスやイタリアのレストランなどで修業する人もいます。

また、国内外で開催されるソムリエのコンクールなどに出場してよい成績を残せば、一流のソムリエとして名を知られるようになり、講師の依頼なども増えるでしょう。

WEBコンサル会社――
すみません わざわざ東京まで…
メールで概要は承っておりますが あらためてお話を…
わしら特産品で村おこしを…と思ってね
大福をつくったんですわ
ホームページを始めたんだが
アクセス？も増えないし
どうにかしてもらおうと思いましてね
あ…これがその大福ですわ どうぞ…
わ！カワイイ!!
うん！柔らかい求肥《ぎゅうひ》に生クリームとこしあんが混ざり合ってしつこくない甘さ！
抹茶のフレーバーも後から香って…！すっごく美味しい!!
味には自信あるんですわ
全国展開を目指してるんでホームページをなんとかせにゃあと…
…実はサイトを解析させてもらったんですが

なんで ホームページの 一番目立つところに 地味な工場を 載せてるんです!?
どう考えても この大福の画像を バン!と載せる べきです
大福のカラーに 合わせてサイトも 和風かつシックに 高級感を出して!
なんかよく わかんない村関係の リンクは切って!
抹茶へのこだわりも もっと写真を多く!
わ… わかりました!
この大福は 知名度さえあれば 全国で売れる力が あります!
ホームページは ＷＥＢ戦略がすべて! 私もこの大福の ファンとして 力を尽くします!
ありがてぇだ… 葛城さん よろしくお願い します!
では 基本的な 改善策はここまで 専門的な改善策を 指摘していきますね
誰もがスマホを持ち 常にネットに触れる時代 ＷＥＢアナリストの 需要は高まる一方と いえるのです

JOB FILE

52

WEB戦略を成功へと導く

WEBアナリスト

活動場所	WEBマーケティング会社、広告代理店など
資格	ウェブ解析士
団体など	ウェブ解析士協会

参考年収

TOP LEVEL（WEBアナリストとして実績を積む）	平均（WEBマーケティング部門に転職）	BOTTOM LEVEL（WEB制作会社に勤務）
600万円〜	300万〜400万円	250万円〜

今や私たちの生活と切り離すことのできないWEB。現在、とても多くの企業がWEBサービスを展開しています。WEBアナリストの仕事は、クライアントのWEBサイトのアクセス解析を行い、サイトの改善案を提案すること。WEBからあらゆるデータを収集して、アクセス解析や市場動向、トレンドなどを分析し、業績向上のアドバイスを行います。アメリカではアンケートの分析からWEBのアクティビティ評価、オンラインマーケティングの解析と最適化など、さまざまな役割を果たしているWEBアナリストですが、日本国内ではアクセス解析のみにとどまっている傾向があります。サイト閲覧者の傾向を分析してただレポートを提出するだけでなく、一歩踏み込んだ提案でクライアントの業績アップに貢献することができるWEBアナリストは、まだまだ少ないようです。今後は日本でもニーズが増えていく職業だといえるでしょう。

WEBアナリストへの道

WEBマーケティング専門の会社は、日本ではまだ少ないのが現状です。最近では、大手のインターネット広告代理店やWEBコンサルティング会社で、専属WEBアナリストの募集が見られるようになりました。

仕事のノウハウを身につけるには実践から学んでいくしかありません。WEB制作会社や代理店などでもWEBアナリスト候補として未経験者を採用することがあるため、まずはそのような企業へ応募し、ステップアップを目指すのも1つの方法です。

WEB制作会社や
広告代理店に入社

↓

実績を積み転職

↓

WEBマーケティング部門に
配属される

↓

WEBアナリスト
として働く

WEBアナリストのキャリアパス

未経験からWEBアナリストを目指すなら、WEB制作会社などに就職し、情報提供のサポートなどから始めて、プランナー、コンサルタントへとキャリアアップしていく道があります。

また、エンジニアの経験があれば、解析設計などのスキルが役に立つでしょう。WEBデザイナーやWEBディレクターが、マーケティングの視点を活かしてWEBアナリストへキャリアを広げることもあります。

能力さえあれば男女関係なく評価され、今後ますます需要が増えていく仕事と考えられます。

スタッフ一覧

●マンガ

BEANS（放射線技師）
soni（公認会計士）
蒼井いとし（ドッグブリーダー、インテリアコーディネーター）
板垣翔子（装蹄師、レコーディングエンジニア、獣医師、ソムリエ）
河村万理（養豚家、造園師）
柑田風太（芸者、調香師）
くろにゃこ。（水族館飼育員、芸能マネージャー、刑務官）
坂元輝弥（カジノディーラー、大道芸人、通訳、振付師、ライトノベル作家、マグロ漁師）
すー（テレビプロデューサー、臨床心理士、初生雛鑑別師）
高原玲（巫女）
たこさなぎ（南極観測隊員）
とーえ。（WEBアナリスト）
十川（YouTuber、フードファイター、指揮者）
時千広（歯科技工士）
ナツモリ（気象予報士）
ひげ羽扇（声優、弁護士、一級建築士）
武楽清（プロゲーマー、探偵、ファイナンシャルプランナー、ドッグトレーナー、フィギュア原型師、音楽療法士、細胞検査士、パイロット、ドローン操縦士、カニ漁師）
山田しぶ（スポーツエージェント、ミュージカル俳優）
山本佳輝（ボートレーサー、根付師、SP、海上保安官、石工）
※五十音順

●構成協力

山本佳輝、荻野ひとし、狐塚あやめ

●執筆協力

元井朋子、櫻井啓示、松浦美紀、加藤朋実、アイダミホコ

●本文デザイン・DTP

CIRCLEGRAPH

●カバーデザイン

池上幸一

●編集

株式会社サイドランチ、バンブルマン株式会社

■監修

給料BANK（きゅうりょうばんく）

2014年6月にオープンした情報ポータルサイト。さまざまな職業の給料や仕事内容、就労方法など、職業にまつわる情報をRPG風イラストとともに紹介している。著書の、『日本の給料＆職業図鑑』『日本の給料＆職業図鑑Plus』『女子の給料＆職業図鑑』（すべて宝島社刊）が大好評発売中。
https://kyuryobank.com

山田コンペー（やまだこんぺー）

給料BANK編集長。1980年、北海道札幌市生まれ。北海学園大学法学部卒。ラジオレポーター、俳優、ウェブデザイナー、ウェブディレクター、企画編集者、ウェブコンサルタントとさまざまな職を経験。所属会社の倒産を機に、ポータルサイトの企画制作運営を行う「ポータルサイター」として独立。給料BANKのほかに７つのポータルサイトを運営しながら、札幌と東京の２拠点で活動中。

マンガ 日本の珍しい職業大百科

2017年9月9日　第１刷発行

監修 ★ 給料BANK
発行人 ★ 蓮見清一
発行所 ★ 株式会社宝島社
〒102-8388　東京都千代田区一番町25番地
03-3234-4621（営業）
03-3239-0928（編集）
http://tkj.jp
印刷・製本 ★ 株式会社光邦

ISBN978-4-8002-7543-1